頭がよくなる
運動教室

オリンピック子育て論

ゴルフダイジェスト社

はじめに

海に隠れた氷山は、スポーツによって開花する

スポーツをやれば体力がつくことは、誰もが知っていることでしょう。しかし、多くの人が見落としがちなのが、スポーツには賢脳効果、つまり頭をよくする効果がある、という事実です。

そのことはわたしの86年の人生が、見事に証明しています。というのも小学校時代のわたしは病気がちで、スポーツとはまったくの無縁。休み時間は校庭で走り回る友だちを、いつも教室の窓から眺めている青白い顔をした少年でした。

そのためなにをやるにも消極的で引っ込み思案、唯一の楽しみは機関車の本を読むことであり、自分が機関士になった姿を空想しては絵を描いて幼少時代を過ごしていました。そんなですから運動はもとよりのこと、学校の勉強もできない劣等生でした。

はじめに

そんなわたしを救ってくれたのが、たったひとつのゴムボールです。運動が苦手なわたしはカベにぶつけてはひとり遊びをしていたものです。そんなある日のこと、跳ね返ったボールを上手に受け取れずにいると、友人が拾って投げ返してくれました。そして自分に向かって「さあ、投げろ」というポーズをとったのです。

おそるおそるボールを手にしたわたしは、やはりおそるおそる友だちに投げてみました。当然、上手に投げられるはずもありません。しかし、ワンバウンドしたボールを巧みにキャッチした友人は、ふたたび投げ返しては「さあ、もう一度投げろ」というポーズをとったのです。

これがわたしの初めてのキャッチボールでした。そして何度か投げているうちに、暴投の度合いも少なくなり、やがて友人の胸あたりに投げられるようにもなりました。あのときの、体中から汗が吹き出る爽快感はいまも忘れることができません。

なんだ、そんな程度の体験か、という人もいるでしょう。しかし、たったそれだけの体験は、その後のわたしの人生に大きな影響を与えてくれました。

それまでスポーツなど無理だと決めつけていたわたしですが、このとき、「もしかしたら自分にもスポーツができるかもしれない」

という、自信めいたものが生まれました。実際に友人たちが遊んでいるなかに、勇気を出して入っていくと、野球でもドッジボールでも最初は足手まといだったものが、やがて仲間と一緒に楽しめるようになっていきます。

そうした自信は、性格までも変えてくれました。引っ込み思案であったわたしの性格は、徐々に積極的になっていきます。ガキ大将とまではいかないまでも、遊びの仲間に入れてもらうだけでは飽きたらず、いつしか自分から遊びを提案、仲間を誘う存在にもなれたのです。

自信が生まれ、性格が変わることで、運動能力とともに飛躍的に変化したのが学校の成績でした。授業がわかってくると、勉強するのも楽しくなります。授業中の発言も増え、当然のようにテストの点数も上がっていきました。そうなるとあとはもう好循環です。

劣等生だったわたしが医者になることができ、80歳を過ぎたいまでも現役医師として元気に働くことができています。またいまも現役で、仲間たちと早起き野球を楽しむとともに、水島新司先生の代表作ともいえる漫画『あぶさん』に、スポーツに詳しい整形外科医として登場させていただく幸運にも恵まれました。

はじめに

スポーツが通じた縁は、巨人の終身名誉監督・長嶋茂雄氏、そして世界のホームラン王・王貞治氏や、ＩＤ野球の生みの親である野村克也氏といったプロ野球関係者をはじめ、サッカー、陸上、スピードスケートなどあらゆるジャンルの一流選手、オリンピア、との知己を得ることにもつながっています。

わたしはそんな人生を、自慢したいわけではありません。わたしがいいたいのは、たったひとつのゴムボールがわたしの人生を切り拓いてくれたように、子どもたちの可能性は無限大だ、ということです。目に見える才能など氷山の一角で、子どもたちの可能性は見えないところで眠っているのです。そして、その可能性を目覚めさせてくれるのが、体を動かすことでありスポーツです。

「あぶさん」単行本37巻187ページに掲載された吉松ドクター。夢は100歳まで草野球を続けること

現代社会は思う存分に外で遊べない、子どもたちにとっては不幸の時代といえます。となると子どもの可能性を開花させるために、体を動かし、スポーツをさせることは親の大きな責任ではないでしょうか?

たしかに外では遊びにくくなり、またスポーツをやるにはお金がかかる、といった悲鳴が保護者からは聞かれます。そんなみなさんの声に耳を傾けながら本書は、体を動かすためのちょっとした工夫やアイデア、あるいは家のなかでもできる運動も紹介しています。

たったひとつのゴムボールがわたしの人生を豊かにしてくれたように、本書が多くの子どもたちの輝かしい未来のヒントになってくれることを望んでいます。

令和元年

信州・上山田温泉の寓居にて

吉松俊一

オリンピック子育て論
頭がよくなる運動教室

もくじ

Chapter 1

スポーツが「頭のいい子」を育てる
運動すると頭がよくなる理由

Chapter

2

オリンピックはココロとカラダを鍛える

脳の発達にあわせて、カラダを動かす

Chapter

3

リビングでできるオリンピック教育

家は天才を育てる宝島

ふろく　頭がよくなるマット運動

モデル・鶴見紅子（北京&ロンドン五輪出場、全日本6連覇）

Chapter 4

吉松式 子どものカラダの作り方

ケガしない簡単トレーニング

写真 野村誠一
イラスト 渡辺千春
カバーデザイン 植月誠
デザイン 近藤可奈子
編集協力 大羽賢二

Chapter 1

スポーツが「頭のいい子」を育てる

運動すると頭がよくなる理由

オリンピック選手は頭がいい

　２０２０年は東京オリンピックの年です。それに先立つ19年には、日本で初めてラグビーのワールドカップが開催されました。日本代表の大健闘でおおいに盛り上がった大会でしたが、ひときわ注目を集めた選手のひとりが、福岡堅樹選手ではなかったでしょうか。

　韋駄天ウィング（ＷＴＢ）の異名をとるフィールドを駆け抜ける俊足もさることながら、注目を集めたのが引退後の去就です。オリンピック競技には７人制ラグビー（セブンズ）があり、20年の東京大会への出場を目指すとともに、大会後、現役を引退。その後は、大学の医学部に入り直し、医師の道を目指すというのです。一流スポーツ選手として国際舞台で戦った貴重な経験は、必ずやスポーツ医学の道で花開くに違いありません。

　いずれにせよ、いわゆる文武両道の選手として、その生き方までが注目を集めたといっていいでしょう。

同じような例は柔道にもあります。18年にグランドスラムと世界選手権で優勝、世界ランキング3位で東京オリンピックの出場権を争っている、78kg級の朝比奈沙羅選手もまた、東京大会後には、両親の跡を継いで医師になるため、医学部に進むことを明らかにしています。

現在、柔道の名門、東海大学に在学していますが、すでに柔道部を退部しており、その理由は柔道と医学部に進むための勉強との両立を図るのが理由でした。にもかかわらず、東京大会前も世界ランキグの上位に位置し、日本のお家芸である柔道の厳しい競争のなかで、オリンピックの有力候補に数えられるのは見事というしかないでしょう。

こうした選手が同時代に、この日本で出現したことは、単なる偶然でしょうか。私はそうは思いません。なぜなら、スポーツのどの競技でも一流選手は例外なく頭がいいものですし、それはみなさんも経験のなかで「運動神経のいい子は頭がいい」、あるいは「勉強のできる子はスポーツもできる」といったことに、薄々気づいているはずだからです。

なぜなら小さい頃からスポーツを経験し、運動によって脳を刺激した結果が文武両道を成し遂げ、さらに社会人になってからも続く、勉強とスポーツの両立につながっているのでしょう。

もっともこうした例は、世界ではそれほど珍しいものではありません。スポーツだけでなく、他の分野でも成功した一流選手は枚挙に暇がありません。

たとえば80年のレークプラシッド大会で、出場した5種目すべてで金メダルを獲得、「パーフェクト・ゴールドメダリスト」と呼ばれたのがアメリカのエリック・ハイデン。彼は引退後、ウィスコンシン大学の医学部に通い、現在は腕のいい整形外科医として活躍しています。

また古くはサッカーで、日本でも選手や監督として活躍した元ブラジル代表のジーコ、ファルカン、トニーニョ・セレーゾとともに、「黄金のカルテット」のひとりとして活躍したソクラテスも、医師免許を持った文武両道で知られていました。ニックネームはポルトガル語で医師を意味する「ドトール」でした。

72年のミュンヘン大会で7つの金メダルを獲得、しかも7競技すべてで当時の世界新記録を更新したマーク・スピッツは、当時は大学の歯学部に通う学生。その後、歯科医にはなりませんでしたが、ビジネスマンとして成功を収めています。

平昌冬季オリンピックで、スピードスケートで日本人初の金メダリストに輝いた小平奈緒選手。金メダルを獲得した直後のインタビューで、

「金メダルをとったことは嬉しいけど、これからの人生の方がもっと大事」

と、答える姿が印象的でした。彼女は国立の信州大学の教育学部の出身で、その知的な発言からも文武両道ぶりがわかるでしょう。

もっとも、これもまた海外のスポーツ選手には、けして珍しいことではありません。アメリカではNCAA（全米大学体育協会）の規定で、どんなに優秀なスポーツ選手でも、学業でも一定の成績が求められます。NBLで日本人初のドラフト1巡指名された八村塁選手はゴンザガ大を卒業、陸上のサニブラウン選手がフロリダ大に学ぶなど、今後は日本人のアスリートでも文武両道の選手がもっと増えていくに違いありません。

アスリートのセカンドキャリア、つまり引退後の人生が注目されていますが、テレビ番組のコメンテーターやバラエティ番組での頭の回転の速さ、「脳力」の高さを感じるのは私だけでしょうか。たとえば陸上の400mハードルの記録保持者の為末大氏や、サッカー元日本代表の鈴木啓太氏などは、専門の競技についてはもと

より、その博識ぶりに私などは驚かされています。特に鈴木氏は、「うんちが世界を変える」と腸内環境に注目、医学界からも注目を集める新ビジネスにチャレンジしています。

このほかにもワールドカップドイツ大会で優勝、12年のロンドン大会で銀メダルを獲得したサッカーの澤穂希さん、３大会連続の金メダリストで、世界大会16連覇、個人戦２０６連勝のギネスブック記録保持者の吉田沙帆里さんなど、メダリストには豊かな才能を持った人も数多くいることに気づかされます。

スポーツは「健康な脳」を育む

リオオリンピックから種目が復活したゴルフ。黄金世代、プラチナ世代と言われる女子選手の活躍と20年の東京大会の代表争いが注目されました。なかでも、全英女子オープンで優勝し、樋口久子さんに続いて日本人２人目のメジャーチャンピオンになった渋野日向子選手は、日本中から熱い視線が送られています。

その渋野日向子選手の口癖が、「勉強」です。たとえば19年、日本女子オープン

2連覇の畑岡奈沙選手と同組になったときには、「しっかり勉強したい」。また同じ年の、やはりメジャー競技である日本女子プロ選手権の予選で、リオ五輪の金メダリスト、韓国のインビー・パークと回ることになったときも、

「世界ランク1位の選手だから、すごく勉強になります。ありがたいですね。勉強、勉強」

と、とても嬉しそうにインタビューに答えていた姿が印象的です。

さらに日本初のPGAツアーとなったZOZOチャンピオンシップで、タイガー・ウッズと対面したときには、

「ショットは次元が違いすぎるけど、アプローチの柔らかさは勉強になりました。スウィングはとても参考になります」

渋野選手を一流たらしめているのは、この「勉強」の口癖からもわかるように、強い探究心と向上心、つまり「健康な脳」なのです。

渋野選手は岡山の作陽高校の出身ですが、スポーツコースに進学しつつも、学業で特待生になるほど優秀な生徒でした。スポーツコースに入ると、どうしても競技を優先し、勉強はもとより二度とない学校生活を謳歌できないことも多いのですが、

渋野選手の場合、文化祭や体育祭、修学旅行といった学校行事も楽しむ、文武両道とはいえ普通の高校生だったようです。

年々、スポーツはジュニア化が進み、ひとつの競技に専念する年齢が早くなる傾向にあります。たしかに技術の習得といった面では高い効果があることは間違いありませんが、一方でバーンアウト（燃え尽き）症候群といった心の問題を引き起こす原因にもなっています。アメリカでは一流アスリートが高校までは多くのスポーツを体験、また前述のようにＮＣＡＡも学業に対する厳しい規定があり、それがバランスのいい脳と優秀なアスリートを育てていることは、親はもとより指導者たちも覚えておかなくてはならないでしょう。

いずれにしても探究心と向上心は、同じ練習をするにも効果が高く、同時に笑顔を生み出します。渋野選手の天真爛漫の笑顔は、そうやってつくられていたのです。

大脳は遊びやスポーツで活性化される

頭のいい子に育てたい……、それは親であれば、誰もが抱く願いではないでしょうか。この本を手にしたみなさんのなかにも、頭のいい子に育てようと、小さい頃からお稽古ごとをさせたり、英才教室や学習塾に通わせたりしている方も多いのではないでしょうか。

もちろん、それが悪いというのではありません。親御さんのそうした思いは、3人の子どもを育てた私にだって理解できます。ただ、その方法は親が考えているほど効果的でなく、必ずしも親が願うような結果にならないこともまた事実です。

しかし、頭のいい子どもを育てるには、実はもっと効果的な方法があります。本書はそれを紹介するために書いたものですが、それは誰にでもできる簡単で、しかも高額な授業料もかかりません。

そんな夢のような方法はなんでしょうか？

それが小さい頃から体を動かす、遊びやスポーツをさせることです。

もっとも、そんなことをいったところで、

「勉強ではなく遊べだなんてとんでもない」

「ウチの子どもはスポーツ選手になるわけではない」

といった反論をする人もいるでしょう。

そのような反論に対して、私は最初に断言しておきます。

本を読んだり机に向かったりしているだけでは、頭のいい子どもは育ちません！天才にしようなんて夢のまた夢です。

遊びやスポーツが体を鍛えてくれることは当然です。しかし、残念なことに多くの人は、遊びやスポーツが脳を鍛えてくれることを知りません。私にいわせれば遊びやスポーツは、体育、知育、そして心まで磨いてくれる徳育に優れた教材です。

名選手のスポーツ中の大脳の動き

わたしは整形外科医としての一方、プロ野球のトレーナー協会の顧問や冬期オリンピックのメディカルアドバイザーなど、プロアマ問わずさまざまなスポーツ団体とお付き合いをしてきました。そうした活動を通じて、名選手と呼ばれる数多くの一流アスリートと知己を得、また治療する機会に恵まれました。

その経験が一流アスリートは例外なく頭がいい、それはスポーツが大脳によい刺激が与えられるからだという結論につながりました。それが、わたしの人生の集大成として、多くの人にこの事実を知ってもらいたいという願いとなり、本書の出版となりました。

そんなわたしの経験から、一流アスリートの大脳の働きについて説明しておきましょう。

よく一流選手は、「動物的な勘の持ち主」と形容されます。しかし、わたしにいわせれば「超人間的な勘の持ち主」と表現する方が適切でないかと思っています。というのも人間は、地球上で体重比でもっとも大きく、かつ繊細な脳の持ち主です。となると一流選手の動物的勘とは、より高性能な大脳によって生まれる能力だからです。

動物的な勘などというと、あまり物事を深く考えない直感的なイメージの人物像が思い浮かびます。しかし、それは敏捷性に優れているのであり、それは大脳に直結する神経伝達のスピードが速いからにほかなりません。つまりすでに述べたように、瞬時の情報処理のできる高性能な大脳の持ち主ですから、考えるより先に体が勝手に動いてしまうのです。

このタイプの代表的なアスリートとして、巨人軍の長嶋茂雄終身名誉監督がいます。長嶋氏は、その独特な擬音語での指導が有名でしたが、体が瞬時に反応できる大脳の持ち主のために、言葉より先に動く体と一緒に、思わず擬音語を口から発する、という解釈ができます。

ちなみに動物的勘などというと右脳人間に思われますが、左脳に詰まった豊富で高度な情報と専門知識が支えています。右脳と左脳は脳梁でつながれていますが、この左脳の情報と知識が超高速で右脳、そして体中の筋肉に伝達され、思いどおりに体が動くのです。

やはり野球ではコントロールのいいピッチャーは頭がいい、とはよくいわれることです。これは巧緻性といわれるもので、一般的には器用と呼ばれるものです。そして、この巧緻性は神経細胞の連結器であるシナプスの数によってきまり、全身の神経系が発達していることの証明です。そしてシナプスの数は、スポーツの反復練習を繰り返すことで増えるとされています。

さて、一流選手を語るときには、一流のコーチの存在が不可欠です。古くは世界のホームラン王を育てた荒川博氏。また、ゴルフなど個人競技の世界ではブッチ・ハーモンやレッドベターなど、ときに選手よりも有名なコーチもいるほどです。

わたしの経験からいうと、一流選手に共通するのは素直なことで、コーチのアドバイスに素直に耳を傾ける才能を持っていることです。素直といっても、コーチの指示に無条件に服従する、という意味ではありません。コーチからのアドバイスを、自分にとって必要かどうかが取捨選択でき、必要なアドバイスであれば、それを受け入れることが絶対にプラスになるという強い信念と自覚を持っているのです。

これは自分に暗示をかけ、自分をコントロールする能力と言い換えることができます。前頭葉の働きで、柔軟な大脳の持ち主にしかできない芸当といっていいでしょう。タイミングや、いわゆる間のとり方が上手なのも、一流アスリートに共通する能力ですが、これも優れた大脳だからこそなせる業です。

さて、わたしが出会った一流アスリートのなかで、特に印象に残っているのが、球史に残る名捕手で、南海、ヤクルト、阪神、楽天で監督を務めた野村克也氏です。データを駆使し、また選手心理を巧みに読むＩＤ野球の先駆者でしたが、そこには「野球は頭脳のスポーツ」という信念ともいえる持論を持っておられました。これもまた大脳、特に分析能力を司る前頭葉が柔軟で発達していなければできない能力です。

さて、その野村克也氏の引退の言葉に、

「頭脳はピンチを救う最大の武器」

というものがあります。

実はこれは野村氏との対談のなかで、わたしがいった言葉の一節でした。そうなのです。スポーツには頭のよさが求められると同時に、スポーツそのものが脳を鍛えます。

主に小さな子どもたちが、具体的にどのように体を動かし、またどんなスポーツをすれば頭がよくなるかを考えていきましょう。

「頭がいい」とは「大脳の働きがいい」こと

遊びやスポーツにより大脳が鍛えられる、活性化するのは、次のようなメカニズムによるものです。

脳のなかでもっとも大きなものが大脳です。この大脳は遊びやスポーツにより体を動かすことで刺激を受けます。この刺激が大脳を活性化させることとは、多くの研究が証明するところです。

同時に体を動かしている間は、大脳からさまざまな指令が神経を通じ、体中の筋肉に伝えられます。その指示どおりに正確に、かつ素早く機敏に体を動かせることが、いわゆる「運動神経がいい」といわれる状態です。体を動かすことで活性化された大脳ほどその指令は正確で緻密、また体中に張り巡らされた神経系統を通じた指令の伝達のスピードも速くなります。

体↓大脳↓体↓……といった双方向で、エンドレスに続く刺激と指令の情報交換が、さらに大脳を活性化させてくれるのです。

ちなみに刺激と指令を伝達するのが体中に張り巡らされた神経系統。いわば脳と体をつなぐ情報ネットワークですが、これも体を動かすことでしか発達しないことが明らかになっています。さらにいえばこのネットワークの基礎は、ゴールデンエイジと呼ばれる12歳前後までにはほぼ出来上がってしまいます。

スポーツ界では多くの競技で、ゴールデンエイジまでにスポーツを体験させることを推奨しているのは、こうした理由によるものです。

それはともかく、たとえば本ばかり読んでいれば、たしかに知識は増えるでしょう。しかし脳だけの活動は、刺激、指令という双方向の情報伝達がなされず、大脳を活性化させるには不十分です。つまり知識は増えたとしても、必ずしも頭がよくなるとは限らないのです。

また、まったく体を動かさない弊害は単に生活習慣病にとどまらず、うつ病や不安症など心の病気、さらに社会問題にもなっている引きこもりや自殺者の増大、さらには毎日、ワイドショーで報道されるビックリするような驚く事件につながっているとしたら……。特に小さい子どもには「もっともっと遊びなさい」が、賢明な親の使命ではないでしょうか。

大事なのは大きさよりも脳細胞の絡み合い

そこで大脳の構造と働きについて、少しみてみることにしましょう。

脳のなかでもっとも大きいのが、その名のとおり大脳（終脳）です。あらゆる動物のなかで、もっとも発達した大脳を持っているのが人間です。それは人間の人間たる理由であり、人間らしく生きるとは大脳をフル稼働させること、といっても過言ではありません。

大脳を含む人間の脳は、個人差はありますが1200gから1500gだとされています。生まれたばかりの赤ちゃんは約400g、これがヨチヨチ歩きをする2~3歳頃には倍以上の約900gになります。さらに小学校低学年までにはほぼ成人の脳の大きさの、約95%程度にまで成長するとされています。ちなみに成人の大脳の重さは800~1000gです。

もっとも、脳の大きいからといって、頭がいいというわけではありません。というのも大脳は最新の研究では約210億個のニューロン（神経細胞）と、その約50倍から100倍あるとされるグリア細胞（神経膠細胞）によって成り立っています。こうした脳細胞の数の多さも、人間の人間たる理由といえるでしょう。

ニューロンは情報伝達と情報処理の役割を担います。図のようにひとつのニューロンからは、木の枝のような樹状突起が四方八方に伸び、他のニューロンとシナプスと呼ばれる連結器でつながります。こうして出来上がった神経回路で電気信号をやりとりして、情報を伝達、処理しているのです。ひとつのニューロンは0・1㎜から0・005㎜というごく小さなものですが、これを一直線につなげると約

COLUMN

頭がよくなるスポーツ脳のしくみ

体↓大脳↓体↓大脳……、スポーツで体を動かすと大脳が刺激され、頭がよくなるという好循環が生まれる。

前頭葉
思考　創造　意思決定　運動の指令
運動前野
歩く、走る、飛び跳ねるなど、運動の指令を出す
運動野
運動をコントロールする

150万km。これは実に地球37・5周分という長さです。

グリア細胞は、ニューロンの情報の伝達処理スピードを早める役割を果たします。グリア細胞はニューロンに栄養を供給したり、また傷ついたときには修復、再生させるほか、ニューロンの制御を担当していることも最新の研究で明らかになってきました。

この大脳の情報伝達ネットワークがもっとも成長するのがゴールデンエイジまでで、それを効率的に成長させる方法が遊びやスポーツです。

スポーツはすればするほど頭がよくなる

次に人間の体の司令塔ともいえる、大脳の構造についてみてみましょう。

前ページは大脳を横から見たものですが、前方から前頭葉、頭頂葉、後頭葉、さらに後頭葉から左右に伸びる側頭葉によって構成されています。

それぞれの部位にはそれぞれの役割があります。ここでは体を動かすことによる影響を、部位ごとに考えてみましょう。

前頭葉は思考、創造、意思の決定や情操面の働きを担当しますが、運動の指令や計画もこの部分で行います。歩く、走る、跳ぶなど、運動の指令を出す部分は運動前野です。さらに運動野は運動をコントロールします。

頭頂葉は知覚、判断や物事を理解する役割を受けもっています。たとえば野球でタイミングをとってバットを振るなどはこの部分で行います。視覚部分を受け持つのが後頭葉。

さらに頭頂葉と後頭葉の境目あたりでは、監督の指示や戦術を理解する言語理解や、その前部には聴覚確認の部分があり、さらに側頭葉には身につけた技術や戦術などを記憶する部分があります。

このようにスポーツは想像以上に頭を使っているので、知らないうちに大脳がより活性化するのです。

みなさんも左脳派、右脳派といった言葉を聞いたことがあるでしょう。左脳は右半身を、右脳は左半身をコントロールしますが、左脳は会話や計算といった論理的な思考を、右脳は直感や想像力などを司る脳です。

左脳派、右脳派といっても、まったく一方の脳だけを使っている人はいません。

俗に左脳派は理論好き、右脳派は芸術家肌などといわれますが、重要なのは左右のバランスであり、そのためには左右それぞれの大脳を上手に鍛えてあげることです。たとえばゴルフの片山晋呉選手は、右利きでありながら食事では左手で箸を持つようにしています。これも大脳をバランスよく鍛える、つまり体を自在に動かすための片山選手なりの練習法、それも効果的な練習法です。スポーツは知らずのうちに体全体を使いますから、脳もバランスよく成長するのです。

運動中の大脳はメチャクチャ働いている

では、具体的にスポーツで大脳はどんな働きをするのか、そのメカニズムをみてみることにしましょう。

舞台は小学生の野球大会。未来の大リーガーがバッターボックスに立っています。カウントは2－3。ピッチャーが投げました。

このとき、まだ小学生ながらもその野球少年の大脳は、こんな働きをしています。

①目でボールをとらえる。

②その情報が大脳に伝わる。

③情報をキャッチすると大脳辺縁系（本能的な動きを起こす部分）が働く。

④情報が運動前野の記憶部分に伝わり、過去の記憶からこのボールがストライクだと判断する。

⑤運動前野の運動の計画部分は、「打つ」という決定を下す。

⑥決定の情報は運動野に伝わり、「打て」という指令を神経系を通じて体の各部に伝える

⑦同時に決定した情報は運動を調整する小脳にも伝わり、スウィングの強弱やタイミングなどを調整。

⑧大脳のコンピュータで調整された指令が、体の各部の筋肉に伝わりバットを振る。

読むと大変、時間がかかるように思えるでしょうが、大脳から神経系統を通じた情報の伝達スピードは、秒速１００〜１２０ｍといわれています。

その猛スピードにも驚かされますが、小学生の大脳が瞬時のうちにこれだけのことを行っているのです。そんな大脳の働きの方が、私には驚きでなりませんがいかがでしょうか。

そして体を動かせば動かすほど、体から大脳に、大脳から体に刺激と指令が双方向に、しかもエンドレスに伝達されると、刺激で大脳はさらに活性化し、指令もさらに超高速、より正確なものに磨かれていきます。つまりスポーツをやればやるほど、頭がよくなるのです。

運動している子としていない子の学力の差

運動能力と学力には、どのような関係があるのでしょうか。

近年、飛躍的に進歩する「脳の研究」は、運動が脳に及ぼす影響を科学的に次々に明らかにしています。

たとえば2014年、アメリカ・イリノイ大学のチャールズ・ヒルマン教授の研究グループは、『ランダム化比較実験が子どもの実行調整と脳機能に及ぼす影響』という論文を発表しました。タイトルは非常に難解ですが、簡単にいえばこれは運動をした子どもの脳と、運動をしなかった子どもの脳には、それぞれどのような影響があったかを調査したものです。

具体的には8～9歳の子ども221名を対象に、運動プログラムに参加するグループと（109名）と、参加しないグループ（112名）に分けます。参加する子どもたちは、与えられた運動プログラムを放課後の2時間、週に5日、これを9ヶ月にわたって行います。そして9ヶ月後にそれぞれ脳にどのような変化があったかを調べました。しかもこの研究は09年から13年まで実に5年をかけた大々的なもの。さらに運動プログラムに参加しなかった子どもたちにも9ヶ月後には参加してもらい、脳の変化を調べるという丁寧なものでした。それだけに運動と脳の関係について、もっとも信ぴょう性の高い研究に数えられています。

そして研究によれば、運動をした子どもには脳機能の向上が認められたのです。運動をした子どもの方がテストの正解率も高く、テスト中には脳を活発に働かせていることも明らかになりました。

またある研究では、有酸素運動と計算をするときの脳の活動領域が同じだということが明らかになっています。計算は脳の認知機能のひとつであり、学力ともおおいに関係することはいうまでもありません。

さらに別の研究では、運動は脳のエネルギー消費量を増やし、知能が向上する可能性を指摘しています。運動によってエネルギーとなるグリコーゲンは減少しますが、運動後の休養や栄養補給により、貯蔵量を超えて蓄積されます。この現象をグリコーゲン超回復といいます。これは脳のなかでも起こる現象であり、これも運動と学力には大きな関係があることを示しています。

文武両道も二刀流も、けして特別なことではない！

２０１８年の高校野球の甲子園大会で、もっとも注目を集めた選手のひとりが大阪桐蔭高校の根尾昴選手（現中日ドラゴンズ）でした。注目されたのは投打にわたる高い野球の技術力や、キャプテンとしてチームをまとめあげる統率力ばかりではありません。その文武両道ぶりが話題を集めました。

中学時代の通知表はオール５で、高校でも学年１、２位を争う秀才ぶり。将来は野球選手になろうか、ご両親の跡を継いで医学の道に進もうかと迷った時期もあったほど。その才能は野球や勉強だけにとどまらず、中学時代はスキーの全国大会で優勝、日本一になったこともあったそうです。

文武両道どころか二刀流、三刀流の活躍ぶりに、思わず「自分の子どもだったら」と思った方もいるのではないでしょうか。

しかし医師の立場からいえば、なにも根尾選手が特別なわけではありません。これまで見てきたように運動は大脳を活性化させ、その活動を活発にします。だとしたらスポーツができて勉強ができることはある意味、当然のことであって、ことさら驚くことでもありません。根尾選手のような子どもは、運動によって誰もが育てられる可能性があるのです。

そのあたりはみなさんも、周囲を見渡したり、自分の子ども時代を思い出したりしてみると、薄々感じていることでしょう。スポーツのできる子は、なぜか成績もよかったし、クラスでも人気者……、しかし神様は不公平ではありません。なぜなら体を動かす遊びやスポーツは、誰もができることだからです。

これまで私は整形外科医として、日本を代表する多くの一流アスリートをサポートしてきました。そこで見た一流と呼ばれる人は例外なく頭のいい選手でした。いやこれらは断言できますが、頭がいい選手でなければプロの世界で活躍することも、オリンピックでメダルをとることもできません。

もちろん学校の成績が悪かった、という一流選手もいます。しかし、スポーツの練習が忙しかっただけで、運動部の生徒が引退後、急激に成績を伸ばすことはよくあることです。スポーツで脳を鍛えた一流選手は、おそらく他の道に進んでも一流であったに違いありません。

スポーツが育む4つの力

次にスポーツが、子どもたちの成長にどのような影響を与えるかを考えてみましょう。具体的にスポーツは、次の４つの力を育むと私は考えています。

①行動を起こす力……筋力と瞬発力（筋肉、神経）をつけること。
②行動を持続する力……全身持久力と筋持久力（筋肉、循環器）をつけること。
③行動を正確に行う力……敏捷性、平衡性、巧緻性を増し、調整力をつけること。
④行動をスムーズに行う力……体の柔軟性（筋肉、関節）をつけること。

スポーツは、この４つの力をバランスよく育んでくれます。

中学生くらいまでは、筋肉よりも大脳と直結した神経系統が発達する時期です。

神経系統とは、脳から脊椎を走る脊髄と、さらにそこから枝のように分かれて体の各器官へとつながる末梢神経があります。特にプレゴールデンエイジと呼ばれる4～7歳くらいまでは、この神経系統が発達する時期であり、競技としてのスポーツでなくていいので、親が一緒に遊んであげたり、戸外で遊んだりする習慣をつけさせてあげることも、親としてのとても重要な仕事ではないでしょうか。

特にこの時期に体を動かすことは、③の敏捷性、平衡性、巧緻性が身につきます。これらは単に動作が素早い、バランスがいい、器用といった体の動きだけをいうのではありません。運動による刺激は大脳も鍛えますから、素早い的確な判断力（敏捷性）、常識（平衡性）、柔軟な発想や創意工夫（巧緻性）といった人間としての総合力が高まるのです。いわば人間としての基礎が、この時期につくられるといっても過言ではないでしょう。

子どもは体を動かしながら、とても頭を使っています。机に向かって本を読んだり、スマホでテレビゲームをしたりするよりも、むしろたくさん頭を使っている、と考えていいでしょう。自転車や一輪車、あるいはけん玉やお手玉であれ、「どうやったら上手にできるか」を考え、できなかったら悔しいという感情が芽生え、さらにその悔しさで「次は絶対に成功してやろう」というチャレンジ精神も育まれるでしょう。大人数でやる遊びのなかでは競争心だけでなく、社会生活を送る基本である協調性も身につくに違いありません。

子どもの才能を開花させる「脳のアイドリング」

昔の自動車は冬場になるとエンジンがかかりにくく、なかなか発車させることができませんでした。車をすぐに動かし、その性能をフルに発揮するためには、事前にエンジンを暖めておくアイドリングが必要でした。

脳もこれと同じです。「人間の脳は30％眠っている」という科学者がいますが、これは本来持った脳の性能をフルに発揮できないことに他なりません。では、なぜできないかといえばアイドリングが不十分だからです。

脳のアイドリングとは「脳の基礎体力づくり」と考えていいでしょう。脳の基礎体力には遊びやスポーツなど体を動かすことがとても重要で、脳の発達を考えるとゴールデンエイジまでになされるべきです。子ども時代の過ごし方よって脳の能力、つきつめれば人生の可能性が決まるといっても過言ではありません。

アイドリングが子ども時代になされるものだとすると、両親や祖父母といったもっとも身近な大人の責任は重大です。またその有効な方法がスポーツ（体を動かすこと）である以上、教師や指導者のスポーツに対する考え方や育成法も大きく影響します。

最近ではあらゆるスポーツでジュニア化が進み、競技を開始する時期の低年齢化が進んでいます。それ自体が悪いことではありませんが、一方で高度なスキル、勝つ方法を教えることが役目だと思っている親や指導者も少なくありません。実際、スポーツの現場では、選手を怒鳴ったり殴ったりする指導風景がいまもまだ繰り返されています。それが近年、スポーツ界で頻発する不祥事の温床になっていることは間違いありません。

しかし大人の役割は高度なスキルや、勝つための方法を教えることでしょうか。

私はそうは思いません。というのも脳の発達には楽しさや達成感、さらに負けたときの悔しさや、失敗しても次に成功するための創意工夫が不可欠だからです。大人の役割はそうした環境づくりと、目の前の結果にとらわれず温かく見守ること以外にはありません。怒鳴られたり、殴られたりし続けた脳は、発達を阻害され萎縮します。まして柔軟で、もっとも脳が発達するゴールデンエイジではなおさらです。

「上手いけれど通用しない選手」に共通する特徴

前述した中日ドラゴンズの根尾昴選手のような文武両道タイプが注目を集める一方、上手い、天才といわれながら、なかなか結果が出せず芽の出ない選手も数多くいます。では、成功する選手とそうでない選手にはどんな違いがあるのでしょう。

誤解を恐れずにいえば「頭がいいか悪いか」だと私は考えています。プロの厳しい世界では上手いだけではダメで、頭がよくないと生き残れません。

たとえば一流選手のインタビューを聞いて上手いなあと思ったり、感動したりした経験は誰にでもあるでしょう。また、そうしたインタビューは一流選手に多いと感じませんか。

たとえばゴルフの石川遼選手やフィギュアスケートの浅田真央選手、羽生結弦選手、あるいはサッカーの三浦知良選手、野球のイチロー選手……など。彼らはマスコミ関係者にも評判のいい一流選手たちです。

もちろん慣れもあるのでしょうが、これは単にマスコミ対応能力に優れているだけではなく、高いコミュニケーション能力によって成り立つものです。たとえば幼児期に親が本を読み聞かせたり、また幼稚園や学校での出来事を親がきちんと聞いてあげたりした子どもの学力は高い傾向にあるそうです。また学力が高い人に、挨拶がきちんとできる人が多いともいわれています。つまり「頭のいい人はコミュニケーション能力も高い」のです。

コミュニケーション能力とは具体的に相手の立場や気持ちを考えられる、会話ができる、空気が読めることで意思の疎通が図られ、上手な人間関係を築けることでしょう。考えてみればすべて脳の働きです。

もちろん実力があっても、ケガや監督やコーチとの折り合いが悪かったり、あるいは運が悪かったりなどの理由で十分に才能を発揮できないという反論もあるでしょう。しかし私などは専門医としてケガ、ときに選手生命を脅かすような大ケガをした選手と何人か会ってきましたが、その困難を克服するのは前向きな姿勢、ポジティブな考え方を持った一流選手ばかりでした。

「体を動かす」を幼児教育に取り入れたヨコミネ式

フィギュアスケートの紀平梨花選手が、幼稚園時代に片手で側転する映像を、テレビで見たことのある人も多いかと思います。

彼女はゴルフの横峯さくらプロの伯父で、自らも保育園を経営する横峯吉文氏の提唱する「ヨコミネ式教育法」を採用した、幼稚園の卒園生であることが広く知られています。

ヨコミネ式については、横峯氏のその著書『天才は10歳までにつくられる』（ゴルフダイジェスト社刊）を読んでいただくとして、注目すべきは読み、書き、そろばん、音楽と並んで、「体操」をとても重視していることです。

体操、つまり体を動かすことは、単に病気に負けない強い体をつくり、いわゆる運動神経と呼ばれる機敏な動き、あるいはスポーツに求められる高度な技術を身につけるだけにとどまりません。

ヨコミネ式を採用する幼稚園や保育園では、園児たちが側転、倒立、逆立ち歩きができるばかりか、年長の園児のなかには12段の跳び箱を軽々とクリアする子もいるそうです。

子どもは好奇心と挑戦心、向上心の塊です。疑問があれば「なんで、なんで？」を繰り返し、少しでも興味を抱けば「危ない！」といわれてもやってみようと思うし、できないことがあれば泣いてでもできるまでやろうとする負けず嫌いです。

これこそが、実は子どもの可能性の正体ではないでしょうか。

いずれにせよ幼児期の体操が、紀平選手の運動神経を大きく発達させたことは間違いありません。当然のことながら体を動かすことで大脳も発達します。インタビューの受け答えなどから、紀平選手が頭脳明晰であることは、誰の目にも明らかではないでしょうか。

「運動神経がいい」とはどういうことか？

幼少期はなにより、運動神経の基礎をつくる時期です。この基礎についてわたしは、次の8つのように定義しました。

①体が柔軟であること　②敏捷性が優れていること
③反射神経がいいこと　④速く走れること
⑤跳躍力があること　⑥バランスがいいこと
⑦リズム感がいいこと　⑧全身を使う能力が高いこと

の、８つです。

器用であるとか、判断力に優れている、あるいはゲームの展開を読む、といった能力もスポーツには要求されます。これらも広い意味では、運動神経と考えることもできるでしょう。

ただ、こうしたスキルは「運動神経の基礎」があって、初めて磨かれるものです。そしてこの基礎はプレゴールデンエイジと呼ばれる4歳から、ゴールデンエイジと呼ばれる10歳くらいまでにほぼ形作られてしまいます。

オリンピックでメダルをとる、あるいはプロアスリートとして活躍するには、幼少期からひとつの競技に親しむことは重要であり、わたしもそれを否定するものではありません。しかし、医師として大脳と運動神経の発達からみた場合、幼少期はいろんな遊びや複数の運動を経験させることが理想です。

Chapter 2

オリンピックはココロとカラダを鍛える

脳の発達にあわせて、カラダを動かす

COLUMN

スポーツはいつから始めたらいい？

オリンピック候補選手や人気アスリート選手は何歳ごろからスポーツを始めたのか？

野球

イチロー

3歳～

おもちゃのバットとボールで野球にハマり、小3で少年野球開始。年の半分以上野球漬け

野球

大谷翔平

8歳～

小2のころ、友達がきっかけで始めた野球。幼稚園から水泳教室、バドミントンも得意とした

ゴルフ

渋野日向子

7歳～

小2でゴルフとソフトボールの二刀流。ソフトの方が好きと公言するほど本気で取り組む

ゴルフ

石川遼

1歳～

1歳でおもちゃのクラブをスウィング。3歳から自宅でゴルフ練習。中学は陸上部で活躍

サッカー

久保建英

2歳～

2歳から350日サッカー漬け。6歳で「バルセロナに行きたい」と夢への英才教育開始

卓球

伊藤美誠

2歳～

両親の影響で2歳から卓球を始める。3歳で始めた福原愛より早かった。小2で”日本一“

体操
内村航平
3歳～
両親が作った体操クラブで3歳から体操を始める。小学校時代は体操に夢中だった

バスケットボール
八村塁
13歳～
小学校時代は野球と陸上を掛け持ちし、富山の100m新記録。中学からバスケを始めた

マラソン
高橋尚子
7歳～
幼少期から走ることが大好きで小1でマラソン大会優勝。中学から本格的に陸上競技開始

陸上
桐生祥秀
11歳～
快足でゴールキーパー。小学時代はサッカーに没頭したが、小5で陸上を始める

フィギュアスケート
羽生結弦
4歳～
姉の影響と持病の喘息を克服するために4歳からフィギュアスケートを始める

ソフトボール
上野由岐子
9歳～
小3で始めたソフトボール。サッカーでもスカウトされるほど、体格と運動能力に恵まれた

柔道
井上康生
5歳～
5歳で父の柔道着姿に憧れ柔道開始。幼少期から金メダルが目標。シドニーで有言実行

水泳
北島康介
5歳～
水泳を5歳で始めると10歳でジュニアオリンピックに優勝。中3で全国2冠

※ゴルフダイジェスト社調べ　始めた時期はおおよその年齢です

脳の発達には4段階ある

遊びやスポーツなど体を動かすことが大脳を鍛えることを、これまで説明してきました。より効果的に鍛えるためには大脳の発達段階を知り、それに応じた遊びやスポーツ、体を動かすことが重要です。

さまざまな大脳生理学の研究を踏まえ、私は大脳の発達を次の4段階に分けてみました。

①基礎ができる時期

生まれてからヨチヨチ歩きをする3歳くらいまでの時期です。この時期はニューロン（神経細胞）の数が飛躍的に増える時期でもあり、大脳の基礎がつくられます。具体的には手足を動かし、音や光に反応する、親の顔や声を認識する、感情を出すなどを指します。

②脳が働くシステムができる時期

プレゴールデンエイジと呼ばれる4歳から7歳くらいまで。大脳が働くのは、ニューロン同士が伸びて絡み合ってできる神経回路によってです。この時期はニューロンが著しく伸びる一方で、不要な脳細胞を間引きして、より効率的な神経回路をつくります。いろんなことを真似しながら知識と経験を増やす時期であると同時に、好きなこと、興味のあることが生まれる時期でもあります。これを間引きと呼びます。

③創造の時期

8歳から12歳くらいまでで、ゴールデンエイジとも呼ばれる時期です。間引きが完了し、伸びたニューロンはさらに神経回路を発達させます。いろんなスキルが身につく時期でもあり、それはやる気や、もっと上達するための努力や創意工夫も生むようになります。

④鍛錬の時期

13歳から18歳くらいまで。重量、配線図ともにほぼ完成した脳をさらに鍛え、スキルを磨く時期です。

こうした大脳の発達を踏まえ、子どもたちには成長時期にあった運動やスポーツをさせてあげましょう。

マット運動は3歳から始められる英才教育

基礎体力づくりの第一段階としてやってほしいのがマット運動です。私はこのマット運動を「3歳から始められる英才教育（運動）」と呼んでいます。親が手を貸してあげれば、3～4歳くらいから始められるはずです。

マット運動はまず、運動神経の基本でもある柔軟な体の基礎をつくってくれます。いかに神経系が発達しても、大脳の指示どおりに自在に動く、柔軟な体が必要です。歳をとってから柔軟性を身につける苦労は、大人であれば誰もが知っているはず。苦もなく柔軟性を身につけるには幼少期の運動が重要で、風呂あがりや寝る前に、布団の上で親が一緒に遊んであげるだけで構いません。

また転がったり、回転したりするマット運動は全身運動です。そのため日常生活ではほとんど使わない、首や肩、背中、お尻の筋肉などを動かす効果があります。そうした全身運動は、体のそれぞれの部分を、どのように動かせばどのような結果になるのか、また体のそれぞれの部分がどのような機能を持っているかを、知らないうちに理解していることにもつながります。

マット運動はさらにタイミングをとる感覚を身につけます。前転でも後転でも体の反動を利用して転がりますから、勢いとタイミングがあえば3～4歳の子どもでも立つことができるでしょう。手を使えば、やがて前転も後転もできるようになるでしょうし、なかには前方宙返りができる子どももいるでしょう。これらは3歳頃から家の布団の上で、でんぐり返しから始めましょう。

チャレンジ精神の基礎もマット運動で身につきます。最初はできなくても、できるまで頑張ろう、1回できたら2回、3回、さらに前転の次は後転、さらに前方宙返り……といったチャレンジ精神を育てるのは、親の仕事でもあります。

すぐに結果を求めず、失敗しても根気強く見守り、できたら褒めるなどして、上手に育ててあげましょう。

逆立ちはフロンティアスピリットを養う

マット運動のひとつ、逆立ちも頭がよくなる運動です。4～5歳になったら逆立ちに挑戦させましょう。

この時期の子どもは体全体の筋肉が発達しておらず、両腕で自分の体を支えることができません。そこで親は子どもの両足首を持って、手助けしてあげましょう。長くやる必要はありません。子どもが床に両手をついた状態を、4〜5秒支えてあげるだけで十分です。それ以上やると筋肉に負担がかかりますし、脳に血液と酸素がいかなくなる可能性もあります。

ただし大事なのは1日最低1回、日課として繰り返すことです。やがて長い時間できるようになるでしょうし、親が手を離しても少しくらいなら自分で立っていられるようになるでしょう。

逆立ちの効果としてまず挙げられるのが、血液の循環がよくなることです。特に下半身の心臓に向かう静脈の血流をよくすることは、心臓をはじめとする内臓の働きをよくすることにつながります。

人間はどうしても楽な姿勢をとりがちですが、同じ姿勢をしていると骨格や筋肉が歪んでしまいます。逆立ちはその歪みを矯正、つまり姿勢をただす効果も期待できます。自分の体を思いどおりに動かすためには、姿勢はとても重要なことです。

逆立ちは早い時期に、いい姿勢を体に記憶させてくれます。

幼少期の逆立ちの効果は、フロンティアスピリットを芽生えさせることだと私は考えています。最初に逆立ちをやるときは、誰もが恐怖心を抱くものです。小さな子どもであればなおさらでしょう。

逆立ちができるようになったいまにして思えば、失敗して転倒したところで大ケガになるわけではありません。しかし、小さな子どもにとって、その恐怖感はいかばかりでしょうか。

それは勇気かもしれません。しかし、4～5歳の子どもがその恐怖を乗り越える挑戦心は称賛に値します。まして逆立ちが成功すれば大きな喜びや自信となるでしょうし、人生に不可欠なフロンティアスピリットにつながると私は信じて疑いません。

体を効率よく鍛える相撲は5歳までに

3～5歳までは、できるだけ全身を動かす遊びやスポーツをやらせたいものです。

全身スポーツの代表格といえば水泳ですが、わざわざスイミングスクールに通わなくてもできるのが相撲です。

相撲といっても裸になってまわしをつけ、四股や鉄砲、すり足といった本格的な稽古をやるわけではありません。家のなかで子どもを相手に、親が押したり、引いたりしてあげるだけで十分です。これなら3歳くらいから始められますし、小学校の低学年までならお母さんでも相手になれるはずでしょう。

当然のことながら、子どもよりも大人の方が力があります。しかし、非力な子どもが大人を相手に一生懸命になって相撲をとることで、知らず知らずに体の使い方を覚えます。また、親がちょっと引いたり、軽く投げたりしてあげることで、踏ん張ることやバランス、瞬発力……といったさまざまな力を身につけるでしょう。

最近の子どもは転び方がヘタで、2~3段の階段を飛び降りたり、なかにはつまずいたりしただけで骨折などの大けがをすることがあります。

ときに相撲で幼児を転がしてあげれば、知らず知らずのうちに受け身をとることになり、自分の身を自分で守る術を身につけることにもなるでしょう。こうした相撲なら、寝る前に自宅の布団の上でもできるはずです。

実は相撲の伝統的な稽古はとても合理的なトレーニング方法として、近年、とても注目されています。片足を上げ、もう一方の足にすべての体重を乗せる四股は、バランス力をつけ、また体幹を強くします。両足を大きく開いて上半身をぴったりと地面につける股割りは、あらゆるスポーツの基本となる柔軟性を身につけるばかりか、ケガの予防にもつながっています。その他にも鉄砲やすり足などの稽古がありますが、その効果の高さは言葉で説明するより、何百年も続いてきた事実が証明するところです。

幼児期の相撲は、さらに親とのスキンシップにもなり、また裸足での運動は、偏平足の防止や神経系の発達に影響することが医学的にも証明されています。また本格的に道場で相撲を学ぶとなれば、社会生活に求められる礼儀といったものも身につくのではないでしょうか。

5歳までは左右両方で投げる、蹴るがいい

日常生活にない動き……たとえば後向き歩きや横歩き、片足立ちや、利き手（利

き足）の反対の手（足）でボールを投げる、蹴る……などの動きは、意識して5歳くらいからやらせてあげましょう。普段、使わない体の部位を意識して使うことは、体そのものをニュートラルに戻し、また脳をリフレッシュさせる効果があります。

ゴルフでこれまでに5回の賞金王に輝いた片山晋呉選手は右利きですが、食事では左手で箸を持つようにしています。ゴルフに限らずスポーツではイメージが大切で、イメージトレーニングという分野があるほどです。片山選手のように、意識して左手を使うことは右脳を活性化させ、球筋や試合展開などに、より強いイメージを描くことにつながっているのでしょう。

ちなみに左利きの子を、右手で箸やエンピツを持つように矯正するのは小学2～3年生までが限度で、それを過ぎてからの矯正は相当の努力が必要とされています。矯正するかどうかは意見の分かれるところでしょうが、私は幼少期に両方を使えるようになること、使うクセをつけることが、大脳の発達においてとても重要なことだと思っています。

よく右脳派人間、左脳派人間といった分析がなされますが、どちらかが優れている、というものではありません。なぜなら「頭がいい」という状態は、右脳と左脳をバランスよく上手に使うことであって、どちらかだけを使うことではありません。ボールを投げたり、蹴ったりすることを覚えるのは3歳~5歳くらいでしょう。この時期になったら親は、どちらの手でも投げられる、どちらの足でも蹴られるような環境づくりに努めてください。

両方の手や足を使うことは、右脳と左脳に終始、いい刺激を与え続けることにつながります。そうなると右脳で直感力、左脳で思考力が磨かれ、大脳の働きが2倍以上になることは間違いありません。

私はこれを倍脳効果と呼んでいます。

卓球とバトミントンは6歳から

子ども幼稚園の年長から小学生くらいになると、できるスポーツの選択肢が増えてきます。また、勝敗のあるゲーム性の高いスポーツをやりたくなるものです。勝とうとするための創意工夫や、負けたときの悔しさもまた脳を鍛える大切な要素です。

そこでここからはさまざまな競技の特徴と、どんなタイプ、性格の子どもが、どんなスポーツに適しているかをみていくことにしましょう。

6歳くらいから始めるのに適したスポーツとして、私は卓球やバドミントンを薦めています。私も自分の子どもたちに、小学校に上がる前くらいからバドミントンをやらせましたが、それは以下の理由からです。

まず卓球やバドミントンは反射神経を磨き、子どもにとって重要な敏捷性を養います。敏捷性とは大脳がキャッチした刺激に対し、体中に張り巡らされた神経系を通じ体（筋肉）が素早く反応することです。やってみればわかりますが、素速いボール（シャトル）の応酬と攻守の切り替えが求められ、見た目以上にきついスポーツです。またコースを狙う、緩急をつける、相手の裏をかくなど、作戦面でも頭を使いますから自然と脳を磨いてくれます。

次に頻繁にラケットを動かし、また素速いボール（シャトル）の動きを目で追うことは、運動神経を司る大脳の運動野を刺激します。

卓球、バドミントンのラケットは軽く、子どもにも扱いやすく、素早く動かせる道具といっていいでしょう。重い道具は腕やヒジ、手首などに過度な負担をかけ、慢性痛になることもあります。もちろん野球やテニス、ゴルフなどが悪いわけではありませんが、子どもに相応しい道具選びをしてあげたいものです。

これを応用して3〜4歳児からうちわをラケットに、風船をシャトルにして遊んであげるのもいいかもしれません。

手に限らず、体の左右の部位をバランスよく使うことは、大脳の発達にとってもとても大事なことです。そういう意味で卓球やバドミントンは、左右の脳をバランスよく発達させてくれるスポーツのひとつといえるでしょう。

1年で10センチずつ、ジャンプを高くする

家のなかにある、ちょっとした台に飛び乗ったり、飛び降りたりするのも、とても賢脳効果の高い運動です。ちょっとした高さであれば、3歳から4歳くらいからできるはず。目安としては「年齢×10センチ」といったところでしょうか。小さい子どもであれば、片足で乗ったり降りたりでも構いません。

まず、こうした運動で子どもの体に協応性がつきます。協応とは、体のそれぞれ

の部分が統一した動作や運動を行うことです。目から入った情報に反応して瞬時に手足が動く……といったものです。この協応性は、たとえば親がゴムボールを投げて子どもに受けさせる、あるいは避けさせる、といった遊びからも養えます。親としても、子どものためにいろんな遊びを考えてあげるのは楽しいことでしょう。

この台の飛び乗り降りは協応性のほか、全身を使うこと、跳躍力、転ばないよう着地することでバランス力、また一定の時間、反復して繰り返すことにより敏捷性や反射神経もよくなります。

さて、ここでは反復運動の効果についても説明しておきましょう。台の飛び乗り降りに限らず、反復は運動能力のみならず大脳の発達にもとても効果的です。というのも大脳の細胞には、情報を伝達する数本の神経線維が入り組んでいて、互いに連絡を取り合っているからです。神経線維と脳細胞の間には、切り替えのスイッチがついていて、これがシナプスです。

脳細胞には、たくさんの情報が送り込まれます。そのなかには当然、必要な情報だけでなく不必要な情報もたくさん含まれています。そのなかから必要な情報を拾い出し、効率よく脳細胞に伝えるのがシナプスです。反復運動は、このシナプスの性能をよりよくするものだとご理解ください。シナプスが高性能になれば、大脳の働きも運動神経もよくなる、というわけです。

あらゆるスポーツで「体で覚える」ことが求められますが、それは反復運動により大脳が活性化するからにほかなりません。ただ、小さい子どもの場合、同じことを繰り返すとすぐに飽きてしまいますから、いろんな遊びやゲームを提供してあげるのも親の役目ではないでしょうか。

敏捷性を発達させるジグザグドリブル

「うちの子は落ち着きがない」、「なにをやっても飽きっぽい」と嘆く親がいます。しかし、少し見方を変えてみましょう。落ち着きがない、飽きっぽいというのは、いろんなモノや事柄に興味を持っているからです。好奇心旺盛な長所を持つ子です。ただ、大人と違うのはひとつの興味が長時間続かず、興味の対象が次々に変わっていくことでしょう。しかし、これは脳細胞同士が複雑に絡み合い、大脳が成長している証拠です。3歳くらいになれば「なんで？」、「どうして？」と、目にしたこと、疑問に思ったことをうるさいくらいに質問してきますが、面倒臭がらずに答えてあげることが大切です。

興味が長時間続かないのは、筋力とも関係します。というのも11歳ぐらいまでは、いくら鍛えようと思っても筋肉はなかなかつきません。このくらいまでの時期は、子どもは筋力ではなく大脳の働き、つまり運動神経でスポーツをやっています。

子どもの神経系を調べるテストに、ジグザグドリブルがあります。地面においたコーンの間を、ボールを蹴りながら進むものです。大人に比べてスポードこそありませんが、少し慣れれば小学校低学年の子どもでも器用にドリブルをします。筋力のある大人に比べるとスピードこそありませんが、巧みさでは大人と同等かそれ以上の能力を発揮します。それは神経系は子ども時代に急激に発達するためで、11歳くらいまでにはほぼ大人並みに完成するからです。

ジグザグドリブルは、神経系の発達にはとても優れたトレーニングです。5歳くらいの小さな子どもでも、床にあるおもちゃのような障害物の間をゴムボールでドリブルさせてみるのもいいでしょう。上手にできるようになったら時間を設定して、時間内にクリアさせるなどの工夫も大事です。

上手にできない、あるいは少し動作が鈍いと思われる小学生には、時間往復走でも反復横跳びでも構いません。時間往復走とは5ｍでも10ｍ間隔でもいいので2本の線を引き、線と線の間を往復する運動です。笛を合図にターンして反対方向に走るなどの運動もいいでしょう。

バスケやバレーボールは小学校低学年から

ジャンプする、跳び上がるという動作に必要なのは、脚力だけではありません。より高く跳ぶためには脚の筋肉はもとより、腰を大きく落として腕を振り、背筋を使って上半身を大きく伸ばすなど、全身の筋肉をより効果的に、上手に使う必要があります。

最近の子どもたちは背筋が弱く、それは姿勢の悪さにつながっています。そこには外で遊ばなくなったことにくわえ、コンピュータゲームやスマホを相手に〝猫背〟で過ごす時間が増えたことも影響しているのでしょう。姿勢は大脳の発達や働き、運動能力と密接に関係しています。頭は背骨（脊柱）の上に乗っているのですから当然です。さらにいえば姿勢の悪さは集中力の欠如、落ち着きのなさにつながり、授業中に教室を歩き回る学級崩壊と呼ばれるような現象すら引き起こしています。

そこで家庭教育やしつけの重要性が叫ばれるわけですが、まずは子どもの姿勢を正すことが急務でしょう。

子どもは跳ねることが大好きです。そこで幼児の頃から、ベッドの上でジャンプさせるのもいいし、届くか届かないかのところに親が手を置き、それを目標にジャンプさせるなどしてみましょう。ジャンプに限らず、「届くか届かないか」に目標設定をするのは、子どものやる気や負けん気を刺激するのにも効果的です。

小学生になればバレーボールやバスケットボール、あるいはサッカーなどのスポーツをさせるのもいいでしょう。これらの競技のジャンプは、全身を使うことを覚えさせます。小さい子どもであれば、柔らかいボールを使って親がサポートして取り入れてあげましょう。

ジャンプは着地するときのバランス力が求められます。両足で上手に着地することも大事ですが、空中でバランスを崩したとき、ケガをしないように〝上手に転ぶ〟技術も求められます。医療現場にいると、最近の子どもは転び方が下手で、ケガをしやすくなっています。すり傷や打撲はもとより、ちょっと転んだだけで骨折してしまうケースも少なくありません。上手に転ぶのは柔道の受け身の稽古のようなもので、ジャンプと着地を繰り返すことでケガをしない技術も身につくはずです。

8歳から30分のジョギングで心肺機能を高める

ランニングは、あらゆるスポーツの基本です。ただ子どもにとってのランニングは足腰を強くするためというより、むしろ心肺機能を高めるために重要な運動だと考えましょう。ランニングは8歳くらいから意識して、定期的に生活に取り入れてほしいと私は考えています。

心肺機能とは、文字通り心臓と肺の機能のことです。心臓は全身に血液と、血液中の栄養を行き渡らせるポンプの役割を果たします。一方の肺は、血液中の二酸化炭素と酸素を交換する役割を果たします。ちなみに心臓は生まれたときには約30g、成人になっても約200gで、握りこぶし程度の大きさにしかなりません。しかし1日に送り出す血液量は約7200ℓで、容量が1・8ℓの一升瓶がなんと約

4000本になる計算です。

心肺機能が高くなると肺活量が増え、体の隅々まで酸素を効率よく取り込めるので疲れにくくなります。また1回の心拍で送る血液量も増え、その分、心臓の負担が軽くなります。また近年、免疫低下の原因でもある低体温症の子どもの増加が報告されていますが、血液循環がよくなることでその予防にもつながるでしょう。つまり心肺機能の向上は、強い体づくりの基本なのです。

もっとも、ランニングが心肺機能を高めるとしても、ひたすら長時間、長い距離を走ればいいというものではありません。特に成長期にある子どもにとって過度なランニングは、足やヒザ、腰などに与える悪影響も考えねばなりません。では、具体的にどれくらい走ればいいのでしょうか。

摂取カロリーと消費カロリーから私が試算したところ、小学生であれば軽く汗をかく程度のランニング（ジョギング）を30分程度やれば十分です。30分は長いと感じる人がいるかもしれませんが、これはまったく遊ばない、スポーツをしない子どもの場合です。休み時間に鬼ごっこやサッカーなど、体育館や校庭を走り回っていれば、そのくらいの時間は十分に走っているはずです。

ただ肥満であったり、疲れやすかったりする子ども、また低血圧な子ども、なにより運動が苦手、運動が嫌いな子どもには、1週間で何キロ、1ヶ月で何時間といったように目標を持たせてランニングするクセをつけてあげたいものです。

10歳までに、足が速くなる「3歩ダッシュ」

ランニングに触れたついでに、速く走る方法についても考えてみましょう。

今も昔も小学校時代、足の速い子どもは、それだけでクラスの人気者になれたものです。足の速い子がいれば当然、足の遅い子もいるわけで、それがコンプレックスになっているケースも少なくありません。

ところで足が速い、あるいは遅い理由を、生まれつきだとか、遺伝によるものだと思ってはいないでしょうか。もちろん、そうした先天的な要素がまったく無関係だとはいいません。しかし、わたしが考えるに、日常的に走ったり体を動かしたりする子は足が速いし、そうでない場合は遅い傾向にあるようです。また足の遅い子は、それが理由で走ることが億劫になり、そうなるとなおさら速く走れるようにはなりません。自分で足が遅いと信じてしまっているために、悪循環に陥ってしまっているのです。

最近は、小学生を対象にしたランニング教室があり、運動会近くには大盛況だと聞きます。そうした教室では1週間から1ヶ月程度の特訓で、足の遅い子が次々と速く走れるようになっています。そうした事実は、足の速さは必ずしも先天的に決まるものではないことを証明しています。

ランニング教室をいくつか覗いてみると、どこでも共通して教えているのが、

①いい姿勢で走る
②腕を上手に振る
③足を上手に運ぶ

の3つです。とりたてて難しいことではありません。小さい頃から体を動かすクセをつければ、自然と身につく当たり前のことばかりです。

そこでわたしは足が速くなる方法として、どんな年齢の子どもであっても「3歩ダッシュ」を薦めています。ヨーイドンの合図で、最初の3歩だけ一生懸命走らせるのです。小学校に上がる前の幼児であれば、親が子どもの前にしゃがんで、両手

で受け止めてあげればいいでしょう。

小学生くらいになれば、腕を大きく振り、腿を高く上げて、その場で高速の足踏みをするのもいいでしょう。自然と姿勢はよくなりますし、腕の振りも、足の運びもよくなるはず。いずれにしても足が速くなるポイントは、小さい頃から体を動かすことです。

5歳からできる「目を閉じる足踏みトレ」

運動能力の基本のひとつがバランス感覚（平衡感覚）です。バランス感覚とは、自分の体を平衡に保つ能力のことで、スポーツに限らず生活のあらゆる場面で要求されます。この能力がなければ立っていることもできません。また、大人になっても車酔いに悩む人などは、小さい頃にバランス感覚がうまく発達しなかったことが原因と考えられます。

バランス感覚は、目をつぶって両手を広げ、片足でどのくらい立っていられるかで調べられます。当然、長く立っていられるほど、バランス感覚がいいことになります。

5歳くらいから始められる簡単な運動ですから、最初は3~5秒程度から始め、できるようになったら徐々に時間を伸ばしていきましょう。小学校低学年で15~20秒、高学年で30秒~1分といったところでしょうか。ちなみにバランス感覚は18歳から25歳くらいでピークを迎えます。

目をつぶって、その場で足踏みするのもバランス感覚を磨くにはいい方法です。これも最初は短い時間から始め、慣れてきたら徐々に伸ばしていきます。

バランス感覚のいい人は、最初から最後まで同じ場所で足踏みができます。ところがバランス感覚が悪いと、前後左右に進んだり、その場で回転しているケースもあります。さて、目を開いたとき、自分はどこにいるでしょうか。慣れてくれば徐々にバランス感覚も磨かれ、同じ場所でより長い時間、足踏みができるようになっていくはずです。

矛盾するようですが、バランス感覚はバランスの悪い場所や状況で磨かれます。自転車や一輪車、あるいはスケートやスキーは転びやすい、つまりバランスの悪い状況だからバランス感覚が身につくのです。目を閉じる、片足で立つなどもそうした理由です。

その論理から、床に1本のヒモを置いてその上を歩かせる、フローリングの板の上を走って滑る、あるいはバランスボールやバランスディスクに乗るなど、家のなかでもいろんな方法を見つけられそうです。

ちなみに、バランス感覚とIQ（知能指数）には、密接な関係があるとの報告もあることをつけ加えておきましょう。

五輪新競技、一輪車、スケボー、トランポリン

バランス感覚は大事な運動神経のひとつです。これを磨くためには、矛盾するようですが「バランスの悪いところ」で運動することが大事です。平均台の上で宙返りする体操選手や、ロープの上を歩くサーカスの団員は、どちらも「バランスの悪いところ」で自在に体を動かせます。そうした観点から家のなかでも、たとえばフローリングの一本線の上を歩かせるとか、靴下を履かせて滑らせるとか、ちょっとした工夫でバランス感覚が磨かれるでしょう。

このバランス感覚を磨くのにもっとも相応しい運動は、なんといっても自転車に乗ることです。小さい頃に乗った経験がないと、大人になってから挑戦しても、なかなか上手く乗れません。たしかに最近の生活は便利になって、自転車に乗れなくても生活ができるという人がいるかもしれません。しかし、たとえば大人になっても車酔いに悩まされる人には自転車に乗れない人が多く、それはバランス感覚が身についていないからなのです。

自転車に乗れるようになるための最初の難関は、なんといっても恐怖心の克服です。

最初から二輪の自転車は無理なので、3〜4歳になったら三輪車から始めればいいでしょう。自分でペダルがこげるようになる5〜6歳になれば補助輪つきの自転車に進み、さらに親が手を貸しながら補助輪を外すように仕向けていきます。

最初こそ恐怖心がありますが、公園で10分から30分も練習すれば、知らぬうちに乗れるようになるのが自転車です。

また最近ではランニングバイク、キッズバイクと呼ばれる足で蹴って進むペダルのない自転車もあり、これなら早い子どもで1歳半から2歳くらいからできます。

こうした経験はバランス感覚を磨くだけでなく、大脳に好影響を与えることのできる運動となります。

自転車に乗れるようになったら子どもの興味によって一輪車、また冬季であればスキーやスケート、スケボーといった「バランスの悪いところ」での運動に挑戦させるのもいいでしょう。また、最近ではロープの上を跳んだり回ったりするストックラインという競技も注目されています。これらの新競技でオリンピックを目指すのもいいかもしれません。

音による手上げ運動で神経系のスピードアップ

一流アスリートに共通するのが、音に対する素速い反応です。プロ野球選手の守備をみていると、打者が打った瞬間、打球を目視するより早く、ボールが飛んでくる場所にスタートを切っています。そこにはもちろん経験や読みもありますが、打者が放った打球音という〝音の刺激によって、次の運動動作をとっているのです。

イヤホンで音楽を聞きながら街を歩いたり、自転車に乗る人が急増しています。

その影響によって増えているのが交通事故です。つまりイヤホンによって外の音を遮断してしまえば、なにが起きているかが理解できず、当然、反応は遅れますし、適切な対応もとれないでしょう。

イヤホンで耳をふさぐのは極端な例にしても、音に反応する反射神経は、小さい頃に身につけさせてあげたいものです。

音によって次の動作に移る反応時間を調べてみると、児童では年齢とともに短くなり、20歳前後でピークを迎えます。少し古いデータで恐縮ですが、ある研究によれば10歳で０・27〜28秒、20歳で０・20〜21秒、そして30歳を過ぎると急速にスピードが落ちていきます。

このスピードを速め、またある程度の年齢になっても衰えないようにするために、子どもの頃から音や光の刺激によるトレーニングを取り入れてみましょう。３歳くらいからできる簡単なトレーニングです。

まず子どもを２ｍくらい離れたところに立たせます。そして親は声をかけますが、「右」といったら子どもには右手を、「左」といったら左手を、高く素速く上げさせるようにしましょう。慣れてきたら、また年齢に応じて「右右左右左左……」と、かけ声を複雑にしていきます。

音や光の刺激は目や耳から大脳に伝達され、神経系の配線を猛スピードで走り、筋肉に伝わります。また、この場合、手を上げるという運動が、さらに大脳を刺激しますから、神経系がさらに発達するのです。

年齢が大きくなれば手を上げるだけでなく、回転やジャンプ、前後左右にダッシュ……といった動きを取り入れるのも効果的でしょう。

必修科目になった「ダンス」では、神経系を意識すると、脳が活性化されるでしょう。

疲れやすい子はボルダリング

最近の子供の体格は、20年ほど前の子どもとは比較できないほど向上しています。特に欧米風ライフスタイルの定着により身長は伸び、足も長くなり、またスタイルも抜群によくなりました。

しかし反面、体力面は低下し、体を激しく動かすと、すぐに疲れてしまう子供が増えています。また重いモノを持つのを嫌がる、同じ姿勢でいることができない、なども体力がないからです。大雑把に体力とは持久力のことで、筋肉に持久力をつける必要があります。

では、どうやって持久力をつけるかですが、その格好の遊びが木登りです。木登りは腕力、握力、腹筋、背筋、足腰の筋肉を使う全身運動なので、筋肉がバランスよく、そして強くなります。もっとも都会暮らしではなかなか木登りができないでしょうから、そうした場合は鉄棒にぶら下がる、懸垂をする、ジャングルジムを登り降りするだけでもいいでしょう。

最近では、スポーツクライミングのひとつ、ボルダリングができる場所が増えていると聞きます。東京五輪から新種目として採用されたスポーツクライミングのボルダリングも、令和になったいまの時代では、木登りに代わる全身運動になります。

体力がないといえば、最近の子どもは転んだときに顔から落ちる、顔ばかり打つ子どもが増えた、という報告もあります。これは足腰に体力がないためで、自分の体重を支えられないほど足腰の筋肉がないからです。

足腰を鍛えるのに効果的なのが相撲です。押したり引いたりして、体の動きに対応できる、バランスのいい足腰になります。また、相撲の稽古に四股がありますが、これは単に足腰の筋肉を強くするばかりでなく、下半身に「ねばり」を与えてくれます。

この『ねばり』を生み出すのはヒザです。四股はいうまでもなく左右に大きく開いた足を、交互に高く上げては大地にドンと踏み下ろす運動。このとき大地に打ち下ろす力は、自分の体重をはるかに超えており、ヒザのバネが効いていないとできない動きです。

ついでにくわえておけば、やはり相撲の稽古にある股割りは柔軟な体をつくり、ケガを防ぐことにつながります。人間の体を強く、またその上手な使い方を身につける稽古だからこそ、何百年も前からいまに続いているのです。

水泳は全身運動の代名詞

全身運動の代名詞といえば水泳です。水泳は新陳代謝をよくしますし、脳にもいい刺激を与えるため、できれば子どもに薦めてほしいスポーツのひとつです。水泳も自転車と同じで、小さい頃に水に慣れておかないと、大きくなってからやろうと思ってもなかなか泳げません。

水泳が授業にある小学校に入る前に、子どもには水に慣れる、水を怖がらないようにしておくのが、親の責任ではないでしょうか。

水泳が体にいいスポーツであることは広く認知されており、そのために乳幼児の時期からスイミング教室に通わせている親御さんも多いことでしょう。ただし、体にいいからといって距離も時間も長く泳げばいいというわけではありません。というのも水泳は全身運動であり、また水中のプールで過ごすわけですから、むしろ長く泳げば脳や体に想像以上のダメージを与えるからです。

小学校の低学年であればせいぜい20分から30分、高学年でもせいぜい30分から40分、それもぶっ通しで泳ぐのではなく、休憩を入れながら泳ぐことが大切です。

実際、週に1回1時間泳ぐよりも、週に2回20分ずつ泳ぐほうが、筋力や持久力がつくという報告もあります。脳への影響についても、同じことがいえるのではないでしょうか。

ドッジボールで、敏捷性を育む

アメリカ大リーグにドジャースというチームがあります。いまは本拠地がロサンゼルスですが、産声をあげたニューヨークのブルックリン地区は路面電車が多いことから、チーム名は「路面電車を避ける人たち（Dodgers）」からつけられました。ドッジ（Dodge）とは避ける、身をかわすという意味です。

閑話休題。さて、小学生になると授業や休み時間にドッジボールをやるようになります。最近は、危険だからさせたくないという保護者もいるようですが、敏捷性や瞬発力といった反射神経を養うには、この避けるという運動は実に効果的です。

まだ小学校に上がらない幼児でも、ボールをキャッチすることはできなくても、避けることはできるでしょう。であればピンポン球やゴムボールなどを軽く投げてあげれば、家のなかでも遊べます。また、小学生になれば野球チームに入る子もいるでしょうが、あえて「ボールを捕らないノック」をするのも効果的です。普通、ノックはボールを上手に捕らせる練習ですが、あえてボールから逃げる練習をさせるのです。

まだ、ボールを上手にキャッチできない小学校低学年の子どもであれば、ミスばかりで自信をなくしかねないノックよりも、逃げることで敏捷性、瞬発力を育てるのもひとつの方法ではないでしょうか。

ドッジボールはまた、右脳の働きも活発にします。スポーツはよく「体で覚えろ」といわれますが、「どのように逃げたらいいか」と左脳で論理的に考えるよりも、右脳の直感力で瞬時に逃げることを「体で覚える」のです。

ドッジボールはやってみるとわかりますが、かなり激しい運動で心肺機能を高めます。さらに体全体を使いますし、前後左右、ときに跳んだりしゃがんだりして逃げることでバランス力もアップします。なにより楽しいゲームですから、知らず知らずのうちに夢中になり、それが集中力のアップにもつながるでしょう。

頭の回転をよくする反復練習

スポーツの世界では、よく「体で覚えろ」といった表現で指導がなされます。よく野球のヒーローインタビューで、ホームランを打ったバッターに「打った瞬間、どのように思いましたか？」などと質問するインタビュアーがいます。しかし、実際はほとんどナニも考えていなかったというのが実情ではないでしょうか。

しかし、この状態は、決してまったく頭を使っていないわけではありません。むしろ大脳の情報処理と、その情報を命令として神経系を通じて体の筋肉に伝えるのが猛スピードだと考えるべきです。つまりコンピュータにたとえるなら、一流選手の大脳は超高性能コンピュータであり、頭で考えるより先に体が勝手に動いているのです。

実際、どんなスポーツでも考える時間があると、失敗することは往々にしてあるものです。たとえば野球でバッターが、読みどおりのボールが来たとします。そのとき、「よしもらった」と思った瞬間、力んで空振り、あるいは凡打、ということはよくあることです。神経の伝達スピードは秒速１００ｍから１２０ｍといわれていますが、「よし、もらった」と思った分だけ、大脳の情報処理スピードが遅れるのでしょう。

これがスポーツでは失敗の原因とされる邪念や欲といったものの、大脳から見た正体です。

では、一方の成功の原因となる無心とは、まさしく大脳が超高速でその性能を発揮した状態です。つまり、もっとも大脳が活性化した状態といってもいいでしょう。そして大脳を鍛えるには、このスポーツにおける「体で覚えろ」といった練習が実に効果的なのです。

体で覚えるためには反復練習が不可欠ですが、これこそが大脳の神経細胞をつないでいるシナプスの性能を磨くのです。

ちなみに机に向かっただけの勉強では、このシナプスの性能を上げることは難しいこともわかっています。つまりスポーツの反復練習、体で覚えることこそが、頭の回転をよくするのです。

協調性が足りない子には個人競技がいい

子どもにスポーツをさせる重要性は理解できたとして、では自分の子どもにはどんなスポーツをさせたらいいのか、悩んでいる親御さんも多いことでしょう。日本のスポーツ事情を考えれば、小学校の高学年から中学生になれば特定の競技や種目を選ばなければならない現実もあります。

だからこそ特に小さな子どもたちには、たくさんのスポーツに出合って、体験することで、自分に相応しいスポーツを選んでほしいと思っています。そこで子どもの性格によって、どのようなスポーツを選んだらいいか考えてみましょう。

引っ込み思案で、なかなか友だちの輪のなかに入っていけない、という子どもがいます。少子化で兄弟姉妹も少なく、また外で遊ぶ機会が少ないせいもあるでしょう。わたしの元にも、「集団行動ができない」、「協調性がない」と相談にくる親御さんが増えています。親にとっては「社会に出てやっていけるか心配で、なんとか治してくれ」というわけです。

しかし、集団行動ができない、協調性がないことは悪いことでしょうか。医師の立場からみれば、治さなければならない疾患ではけしてありません。そのほとんどは経験が少なく、まだ自分に自信がない、といったケースです。だとしたら経験を増やし、自信をつけてやればいいだけでしょう。

そうした子どもには、強制的に団体競技をさせるのではなく、個人競技で自信をつけることから始めさせたらどうでしょうか。陸上や水泳、体操、自転車、スキー、スケートボードといったひとりでも練習できる競技もあれば、卓球、バドミントン、テニス、柔道、剣道などは個人で試合に参加することもできます。

スポーツの楽しさと同時に自信がつけば、やがて性格も積極的になるでしょうし、チームワークが求められるスポーツに興味を抱くようになるかもしれません。協調性や集団行動は、そうやって身につけていっても遅くないでしょう。

もっとも協調性がない、集団行動が苦手というのは、見方を変えれば自我が発達し、独創性の強い子どもともいえます。

古今東西、歴史に名を遺した偉人で、子ども時代〝協調性のなかった変わり者〟も少なくありません。個性を伸ばすためにも個人競技で体を動かすことが重要です。

子どもの可能性を発掘するチームスポーツ

学校などに理不尽で、自己中心的な過度な要求をするモンスター・ペアレントは、すでに広く認知される言葉になってしまいました。わたしなどの世代には大変な驚きですが、なにやら最近ではヘリコプター・ペアレントという言葉も生まれているそうです。ホバリングして同じ場所で飛び続けるヘリコプターのように、常に子どもの行動を監視している親のことで、なかなか上手なネーミングだと思わず手を叩いてしまいました。

と、感心している場合ではありません。現代ほど親の子どもに対する過保護、過干渉が取り沙汰される時代もないでしょう。「親はなくとも子は育つ」といわれたのは昔の話になってしまいました。しかしながらどんなに時代が変わろうとも、まるで子どもがペットであるかのような過保護や過干渉は、子どもの自立を妨げることとは指摘しておきましょう。

過保護、過干渉は、親の自分の子どもに対する評価を、とても極端なものにしています。ひいき目で過度な期待から「とてもいい子」と高い評価をする親がいる一方、心配や不安から「ダメな子」と低い評価する親もいます。一見、両者は正反対のタイプに見えますが、共通しているのは冷静で客観的な評価ができない点です。

見方を変えれば、子どもの性格は長所にも短所にもなります。たとえば、「神経質な子ども」といった場合、気が小さく臆病、消極的で泣き虫、といった子どもを想像する人もいるでしょう。一方で慎重で感受性が豊か、繊細で優しいといった子どもを思い描く人もいるはずです。このように見る人によって、ひとりの性格は長所にも短所にもなるのです。

子どもの性格を冷静に客観的に評価するには、チームスポーツが適しているでしょう。ひとりの子どもしか見ていないと性格の一面しか見えません。しかし多くの子どもとの比較や関わりで違う面も現れてくるでしょう。また、それぞれの子どもに役割が与えられるのもチームスポーツです。たとえば野球はエースで4番ばかりではチームにはなりませんし、ゴールキーパーばかりのサッカーも同じでしょう。子どもの性格にあった役割を探すのは、可能性を広げることです。

ピンチこそ、頭がよくなる大チャンス

スポーツ中継で、選手がプレーをする前に、大きな声を出して気合いを入れるシーンを見たことがあるでしょう。こうした行為には、脳のなかでノルアドレナリンやドーパミンといった脳内ホルモンをつくりだし、自分を奮い立たせたり、集中力

を高める働きがあることが知られています。

火事場の馬鹿力という言葉があるように、人間はとんでもない状況に追い込まれたとき、自分でも信じられない力を発揮することがあります。これも脳の働きです。というのも人間の脳は普段はリミッターが働き、本来の力の2～3割程度しか出せないように制御されているのです。本来の力を出してしまうと、筋肉が壊れてしまいます。ところが火事のような緊急な状態に陥ると、このリミッターが外れ、潜在的な力が発揮されるというわけです。

そうした観点からいえば、ピンチこそ自分の限界を超える最大のチャンスということができないでしょうか。先ほどの〝ありがたい〟と思えるメンタルにも通じますが、ピンチは自分を成長させてくれるきっかけでもあるのです。普段の生活から、そういう意識で困難に立ち向かうことは、知らず知らずのうちに脳を強く、健康にしてくれます。

メンタル、つまり脳を強くするには、ひたむきさと素直な心も欠かせません。世界のホームラン王の王貞治さんも、若い頃には遊びたいこともあったようですが、どんなにお酒を飲んでも深夜、荒川博コーチの自宅を訪れ、バットを振り続けたそうです。

どんなにスポーツのトレーニングが科学的になっても、ひたむきな努力、素直な心、そして自分を信じ、同じことを繰り返すことのできる執念は、いつの時代にあっても成功の条件ではないでしょうか。

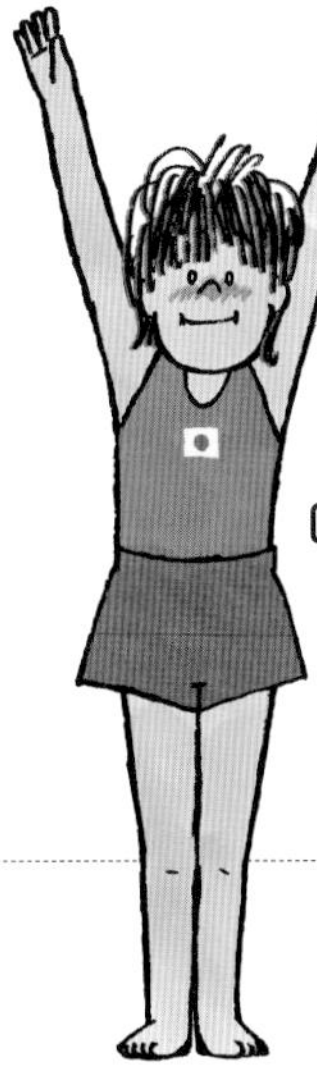

Chapter 3

リビングでできるオリンピック教育

家は天才を育てる宝島

一畳二畳のスペースで、オリンピック選手は育つ

現代ほど、子どもを思う存分、外で遊ばせられない時代もありません。日本は子どもひとりあたりの遊び場が、先進国のなかでも最も狭い国のひとつです。その上に最近は、昔では信じられないような事件や事故も多いせいでしょうか、外で元気よく遊ぶ子どもの姿もなかなか見られなくなりました。そうした傾向は都会だけに限らず、わたしの住む長野県のような地方都市にも広がっています。

かといってスポーツクラブや体操教室のような施設が近所になかったり、金銭面で二の足を踏んだりする親御さんも多いことでしょう。

しかし、嘆いているだけでは、子どもの可能性の芽を親が摘み取ってしまうようなものです。そこで少し視点を変えてみましょう。家のなかは、幼児が思う存分、体を動かせる、つまり運動神経のいい子ども、頭のいい子どもに育てる宝島といっていいほど、環境が整っていることに気がつくはずです。

また、「頭をよくするにはどんなおもちゃを買い与えたらいいのでしょうか？」

といったものも、親御さんから多く寄せられる質問です。また、時代の反映でしょう。スマホでできるゲームやコンピュータゲームについて、「やらせてもいいのか?」、「やらせるとしたらどのくらいの時間ならいいのか?」という質問も、数多く寄せられています。

さて、そんな質問に対してわたしが答えるのは、

「子どもは遊びの天才です」

というものです。これは、いつの時代も変わらない子どもの特性であり、また頭のいい子を育てるための重要なキーワードです。

子どもにとっては、単におもちゃを買い与えるだけでなく、遊ぶ環境や遊び方のヒントを与えることのほうが大事だと考えます。もちろん、まったくおもちゃを買い与えるな、というのではありません。しかし、必要以上にたくさん買い与えるのは百害あって一利なし、だとは思います。

家のなかには、子どもの才能を開花させる環境が整っています。外で十分に遊べない、スポーツができないと嘆く前に、家のなかで思う存分に体を動かせばいいのです。指導者がいないと不満を口にするのであれば、もっとも身近な大人である家

族が、その才能を伸ばしてあげればいいだけのことです。

「運動神経の基礎」（48ページ）である①〜⑧の能力は、ちょっとした工夫と、子どもへの愛情があれば、家のなかでも十分に磨くことができるものばかりです。

ところが、そのチャンスを放棄し、子どもの才能の芽を摘み取っているのが、他ならぬ親御さんであることも指摘しておかなければなりません。

というのも、厚生労働省の『第6回21世紀児童出生縦断調査』（平成18、19年）によれば、「子どもと一緒にトランプなどおもちゃで遊ぶ」という質問に対し、「していない」と答えた保護者は父親で24・8％、母親で17・4％また「子どもと一緒に体を動かすなど遊びをする」という質問では、父親の17・1％、母親の23・4％が「していない」と答えています。

また同じ調査では、5歳児で「1日2時間以上テレビを見る」子どもは60・4％（うち3時間以上が29・1％、4時間以上11％）、やはり5歳児で「コンピュータゲームを1時間以上やる」子どもは約10％に上ります。親にかわってテレビやコンピュータが「子守り」をしている実態が浮き彫りになってきました。

インターネットやスマホの普及により、こうした傾向がさらに強まっていることは間違いありません。

具体的にどんな運動をさせるかを考える前に、まずは幼児期に、子どもと一緒に過ごす時間を少しでも増やすことから考えましょう。

遊びとは「動く」と「考える」の組み合わせ

子どもにとって最大の仕事ともいえる「遊び」について、きちんとした定義をしておきたいと思います。なぜなら、それが賢い子ども、運動神経のいい子どもを育てることにつながるからです。

結論を急ぎましょう。わたしの定義する「遊び」とは、「体を動かすこと」と「考えること」の合体であり、それは広い意味でのスポーツと置き換えることもできるでしょう。

運動が強い体を作ってくれることは間違いありません。だからといって、たとえば10歳の子どもに「毎日10kmを走れ」というのは、スポーツでもなければましてや遊びでもありません。それは単なる苦役、です。

同じように一日中、家にこもってスマホゲームに興じるのは、たしかに頭を使って考えてはいるのでしょうが、これも遊びとはいえません。わたしには暇つぶしか、現実逃避にしか見えないというのは、あまりにもいい過ぎでしょうか。

2018年は、日大アメリカンフットボール部の悪質タックルに始まり、スポーツ界はさまざまな不祥事、不正、ハラスメントといった問題が噴出した年でした。一方で小中高生ばかりではなく40代から50代のひきこもり中年が、これほど話題になる時代もありませんし、実際に彼らが起こす事件もテレビでは頻繁に報道されています。

あくまで私見ですが、これらのいびつな事象が、どうして起きるのかと考えたとき、わたしは「子ども時代にきちんと遊んでこなかったからではないか」と思うのです。つまり体を動かしながら考え、考えながら体を動かすという、子どもにとって最大の仕事である「遊び」を放棄した結果が、このような事態を引き起こしているのではないでしょうか。

たしかにいまの子どもたちを取り巻く環境は、わたしたちの時代に比べて、遊びにくくなっていることは否めません。

世界保健機構（WHO）は、5歳から17歳の子どもに対して1日60分、体を動かすことを推奨していますが、日本では平日に、外で遊ぶ時間は小学生で45分、中学生で19分、高校生だと12分しかありません。

だからといって嘆くのではなく、子どもの遊びについて真剣に考えてあげるのが親の務めではないでしょうか。

子どもは「遊びの天才」である

そもそも、子どもは遊びの天才です。高価なおもちゃがなくても、石ころひとつ、紙1枚、エンピツ1本で遊びを考えます。2人以上が集まれば、鬼ごっこにせよ、かくれんぼにせよ、自分たちでルールをつくって遊びます。つまり体を動かし頭で考えることを、子どもたちは自然と勝手にやっているのです。

親の責任は、そうした子どもたちの自主性や創造力、想像力を自由に伸ばしてやることです。それは、どんな年代の子どもであっても一緒でしょう。あれをやってはいけない、これをやってはいけない、ましてや「遊んでばかりいないで勉強しなさい」と、遊びを否定的にとらえることだけはしないでください。

「どんな遊びをしたら、頭のいい子どもになりますか？」

とは、特に小さな子どもを持った若いお母さんから聞かれる質問です。しかし、重要なのはどんな遊びをするかではなく、遊ぶこと、つまり体を動かしながら考える、考えながら体を動かすことであって、どんな遊びであっても構いません。いまに伝えられる遊びは、例外なくそうした要素を持ちあわせていますから、ビー玉でもけん玉でもコマ回しでも、なわとびでもゴム跳びでも、なんでもいいのです。

小さい子どもであれば、親が一緒に遊んであげることが大事です。

なかなか外で遊べないというのであれば、家のなかで遊べばいいでしょう。鬼ごっこやかくれんぼは家のなかでやるには十分な遊びです。また、たとえば「あ」のつくもの、「開くもの」といったテーマを与え、家のなかで探すのだって十分な遊びになります。早く探した方が勝ち、時間内にいくつ探せるかといったルールだって、子どもたちが次々と考えだしてくれるようになるでしょう。

それが、体と脳を鍛えている証明にもなるのです。

なかなか子どもと一緒に過ごす時間がない、と嘆く親御さんもいますが、そこはできない理由を探すのではなく、できる方法を見つけるのはどうでしょうか。保護者である大人もまた考えることで、脳を活性化させるのです。

アグネス・チャンに学ぶ子育て法

3人の子どもを、自身の母校でもあるスタンフォード大学に入学させた（2人は卒業、ひとりは在学中）、タレントのアグネス・チャンさんの子育て法が話題を集めました。スタンフォード大学は、最新の「ザ・世界大学ランキング」ではオックスフォード大、ケンブリッジ大に次ぐ3位の大学です。日本を代表する東京大学が42位、京都大学が65位ということから考えても、その超難関大学ぶりが理解できるというものです。

もっともわたしが注目したいのは、難関大学に入学させたからではありません。著書や、雑誌、テレビなどのインタビューを聞いていると、その子育て法は哲学ともいうべき強い信念に基づいた実に独創的なものだからです。

たとえばアグネスさんは3人の子どもたちを、たとえ兄弟であってもけして他人とは比べないで育てたといいます。ややもすれば子育ては他人との比較で、長所よりも短所、美点よりも欠点、できることよりもできないことに目が行きがちですが、アグネスさんはそれぞれの子どものいい面を見つけ、探しては、褒めて、励まして育てたそうです。

褒めて育てることは、ありのままの自分を受け入れる、自己肯定感を高めることにつながります。この能力の高い人は、たとえば人に褒められると素直に喜び、感謝できますが、反対に低い人は嫌味をいわれた、変におだてられたなどとうがった感じ方しかできません。また人に怒られたときなど、自己肯定感の高い人は素直に受け止め反省もできるし、怒ってくれた人に感謝もできますが、これが低い人は必要以上に落ち込んだりするほか、言い訳をしたり、責任転嫁をしたり、いわゆる逆ギレといわれる行動をとったりするようです。はたしてどちらの人生が幸福かは、火を見るより明らかではないでしょうか。

ちなみに日本人の自己肯定感は諸外国に比べて低い傾向があり、高校生の約72％が「自分はダメな人間だ」と思いこんでいるという報告もあります（独立行政法人国立青少年教育振興機構の２０１４年調査より）。

アグネスさんの子育てで、思わずわたしがヒザを叩いたのが、親が一緒に子どもと新しいことを楽しむ姿勢でした。たとえば、毎日違う卵料理を台所に立って一緒につくってみるとか、「左にしか曲がらない」とルールを決めて家に帰る……など、毎日の生活のなかで「遊んで」いるのです。これが子どもの想像力と創造力を、爆発させないわけがありません。

スポーツの語源は「遊ぶ」だといいますが、その目的は「楽しむ」こと。スポーツが体と脳を鍛える理由でもあります。

達成感を刺激する目標設定

達成感は、子どもを成長させるスパイスのようなものだと、わたしは考えています。しかし、すでに述べたように、多くの子育ては他人との比較で、

「どうしてそんなことができないの?」

と、達成感よりも挫折感を植えつけているようにしか思えません。これでは前述の自己肯定感も低くなってしまいます。

達成感を刺激するためには、なにより目標を設定することが大事です。その目標も高ければいい、というものではありません。そこで目標設定について、わたしの提案は、

①目標は子どもの状況にあわせ、できるかできないか、のレベルにする。

②目標達成の時間設定を明確にする。

③目標を「見える化」する。

④目標を誰かと共有する

の4つです。

三日坊主という言葉がありますが、①については、まさにそれで、人は高い目標を設定しがちです。しかし、達成が困難、あるいは不可能となると、やる気も高揚感も薄れ、当然のことながら達成感も満たされません。

②については、時間設定のない目標はただの夢だとわたしは考えています。もちろん夢を抱くことは大事です。しかし、夢はベッドのなかで見るものであって、夢を実現するためには、それを目標や課題として具体的に落としこまなければなりません。目標や課題とは、夢の実現のために「いまやるべきこと」を明確にする人生

設計図。これは子どもに限らず、「いつかやる」は「絶対にやらない」と同義語です。ダジャレで恐縮ですが、「いつかやる」を「5日までにやる」とした方が、目標も明確になり、目標に対するモチベーションも確実に高くなるでしょう。

③は、いわゆる可視化です。目標は抽象的、また大きくなればなるほど、見えにくくなるものです。また、目標を掲げたものの、自分がいまどこにいるかを見失ってしまうことも少なくありません。登山にたとえるなら遭難してしまったようなもの。そこで必要なのが、目標である頂上と、いま自分のいる場所を確認できる地図ではないでしょうか。その地図をつくること、そしてその地図を見えるところに掲げることが重要です。

④についてですが、子どもに目標を掲げさせたとして、目標達成をノルマとして子どもに押しつけ、親はただそれを見ているだけ、ということはないでしょうか。子どもを見守る、といえば聞こえはいいのですが、それは見ているフリをするだけで、監視しているケースも少なくありません。目標がノルマになると楽しくありませんから、子どもは逃げ出す、サボることだけを考えるようになります。

そもそも子育てとは、親と子どもの共同作業です。だとしたら目標は親子で共有するものであって、一緒に楽しむべきものでしょう。少なくとも一緒に同じ目標に向かっていれば、「なんでそんなこともできないの？」といった否定的な言葉に支配された子育てはなくなるはずです。

「できることから一緒に頑張ってみよう」

それが理想的な子育てではないでしょうか。

小学生が宗谷岬《北海道》から佐多岬《鹿児島県》まで走った！

これは、わたしの知り合いの小学校の元校長先生から聞いた話です。いまから約40年ほど前、小さな山村の小学校に新任教師として赴任したときのこと。先生は3年生を担任することになりました。その30名足らずの児童の前で、先生は「みんなで、日本を走って縦断してみないか！」といったそうです。

キョトンとする子どもたち。それはそうでしょう。新任教師の突拍子もない言葉に、驚かない子どもがいるはずもありません。そんな子どもたちに向かって、先生は続けました。

「学校の校庭を走ることで、先生と一緒に卒業までに日本の北から南まで縦断しよう！」

すると、どうでしょう。子どもたちはみんなで話し合って、自分たちで計画を作り出したのです。北海道の最北端である宗谷岬から、九州の最南端にある鹿児島県の佐多岬までの距離が約１８８８kmとわかると、それを卒業までの４年で割ると１年で約４７２km、これを12ヶ月で割ると１ヶ月に約40km、これを３６５日で割ると１日に約１・３km。学校の校庭に２００ｍのトラックを引き、それなら１日に６周半を走ればいい、という答を導きました。

話し合いのなかでは、子どもたちからいろんな意見が出たと、先生は嬉しそうに振り返ります。雨や雪の日もあるからもう少し多めに走った方がいいのではないか、学校が休みの日はどうするんだ、大きな日本地図を教室の後ろに貼って誰がどこまで走ったか見えるようにしよう、走ってもいないのに嘘の報告はしないこと、目標を達成できなかった場合の罰は、でも入院などで走れなくなった場合もあるし……。なかには「４年に一度はうるう年があるから１日プラスしろ」という意見まであったそうです。

目標が決まると、子どもたちからいろんな意見やアイデアが次々と出てくることに、提案した先生自身が驚いたといいます。

宗谷岬をスタートした子どもたちは、「今週中に青森を通過」、「来週までに仙台」などと、地図を片手にまだ行ったことのない土地を目標に走りだしました。そして驚くことに、クラスの全員が卒業式を待たずに佐多岬にゴールしていたそうです。

いみじくもこの先生の提案は、先ほどわたしが述べた①から④までの上手な目標設定の条件を、すべて備えています。それは子どものやる気を起こし、強い体をつくったばかりでなく、達成感により高い自己肯定感を得たことは間違いありません。

この先生は授業の始まる前に毎日、漢字と算数の10問ドリルを子どもたちにさせていました。その結果は毎日、教室の後の壁に貼った模造紙に、棒グラフにして書き足していったそうです。やはり40年ほど前のことで、いまの教育現場からは考えられないことでしょうが、しかしその効果は抜群でした。

というのも棒グラフによって自分の成績が一目瞭然になると、子どもたちは自分の棒を少しでも伸ばそうと、予習するようになったのです。しかも1日10問ですから、誰でも頑張れる問題数です。

するといわゆる「勉強ができる子」と「できない子」の差が少しずつ縮まっていきます。正解すると喜ぶのは当然ですが、間違えると本当に悔しがる子どもも増えました。

子どもたちを競争させろ、というのではありません。頑張った成果を、このように見える形にしてあげると、もっと頑張ろうという気持ちになるのが子どもなのです。

大谷翔平と青学の「目標管理シート」

個人情報の管理が問われる現代では、子どもの成績を教室に貼り出すなど、とんでもないことだと思われるかもしれません。しかし、こうした手法はビジネスの世界では幅広く用いられており、それを応用して正月の箱根駅伝で5度の優勝に導いたのが、青山学院大学陸上部の原晋監督です。

青山学院大学駅伝部には、選手一人ひとりが書いた「目標管理シート」と呼ばれる紙が壁一面に貼られています。

1年間のチーム目標に基づき、毎月それぞれの選手が目標を決め、そのために自分のやるべきことを明確にします。監督と選手というと、とかく主従関係を想像しますが、監督から命令されたものではなく、あくまでも選手自身が自分で目標を決める、というのがポイントです。

また、その目標については、チーム全員の前で発表させるそうです。そうなると、目標は頑張れば実現可能なものに自然となりますし、なによりチーム全員との「約束」になります。人間は地球上で唯一、プライドを持った動物ですから、そうなると簡単に約束を破るわけにはいきません。

いまでこそ強豪校になった青山学院の駅伝部ですが、原監督によれば強い選手を集めたから強くなったのではなく、個々の選手が強くなり、その結果、チームという組織が強くなった、のだといいます。実際、箱根駅伝の優勝メンバーのなかには、高校時代、ほとんど無名だったという選手も少なくありません。では、なぜ強くなれたかといえば、目標管理シートにより、

①目標は子どもの状況にあわせ、できるかできないか、のレベルにする。

②目標達成の時間設定を明確にする。

③目標を「見える化」する。
④目標を誰かと共有する

を、実践したからに他ならないでしょう。

同じようにエンゼルスの大谷翔平選手は、高校時代から「目標達成シート」と呼ばれる独自のシートを作っていたことが知られています。また、ゴルフの片山晋呉選手は、「賞金王」や「マスターズ出場」といった目標を大書して壁や天井に貼り、寝ても覚めても見られるようにしていたといいます。

子どもたちの可能性を伸ばす上でも、このような方法は見習うべきだし、親子で一緒になってつくりだすのも楽しいのではないでしょうか。

本は表紙が見えるように並べる

「見える化」ついでに、もうひとつ読書について話しておきましょう。

賢い子どもにするために、読書が優れた方法であることはいうまでもありません。

読書は単に情報や知識を増やすだけではなく、好奇心を刺激し、想像力をかきたててくれます。ただし部屋に閉じこもって読書ばかりしているのではなく、バランスよく体を動かすことも重要なのは、これまで繰り返し述べてきたとおりです。

平積みという言葉をご存知でしょうか。本屋さんが棚ではなく、台などに積み上げて陳列する方法です。主に話題の本、売れている本が平積みされるものですが、一方で平積みになることで話題を呼ぶ、売れるという相乗効果もあります。

というのは、棚に並べると背表紙しか見えません。そこには本のタイトルと著者の名前、出版社の名前しか書いてありません。ところが平積みすると表紙が見えますから、情報量がグンと増えます。文字情報だけでなく、写真やイラスト、色やデザインが想像力をかきたて、読んでみたいと思わせるからです。

子どもを賢くするために、本を読ませたいと思う親御さんは多いはず。であれば本は棚に並べるのではなく、壁に棚をつくって表紙が見えるように立てかけてください。「本を読みなさい」といってもなかなか読まない子どもでも、こうしておくだけで本が好きな子どもになります。棚に本を並べるよりも、わたしは階段や床に「積ん読」ほうが、子どもの想像力をかきたてると信じて疑いません。

いずれにせよ、読書は子どもの可能性を引き出す有効なメソッドです。幼児期には、体を動かすのと同じくらい、絵本などを読み聞かせてあげましょう。

食う、寝る、遊ぶは賢い子育ての基本中の基本

プロ野球の名監督であった野村克也氏は、新人選手にはまず「食事をしっかりとりなさい」と指導されていました。また奥さまの故・沙知代夫人も、自身がオーナーを務める少年野球のクラブで、保護者である母親にお弁当をつくることを義務づけていました。

「食」という字は「人」を「良」くする、と書きます。食事の重要性は誰もが認識しているでしょうが、みなさんが想像する以上に大きな影響があることを頭に入れておいてください。

実際、スポーツ庁の『平成29年全国体力・運動能力、運動習慣等調査報告書』では握力、ソフトボール投げ、反復横跳びなど、あらゆる体力面で、朝食を食べている子が食べていない子の数値を上回ったことが明らかになりました。

やはり文部科学省の『同年全国学力・学習状況調査』では、朝食と学力との関係

が明らかになっています。それによれば朝食をとっている子ととっていない子の、学力の差は顕著です。

「腹が減っては戦ができない」は、子どもにとっても同じなのです。

次に睡眠です。「寝る子は育つ」ということわざがありますが、これは脳科学の面からも実に興味深い報告がなされています。

大脳の奥深くには、海馬と呼ばれる部分があります。ここは主に記憶を司り、学習した記憶を保管し、必要に応じて取り出したりする役割を果たしています。また高齢化社会のなかで、認知症の問題は大きなテーマとなっていますが、アルツハイマー病で一番最初に変異が現れるのが、この海馬とされています。

そして十分に睡眠をとっている子どもの海馬は、その体積が大きくなることが研究によって明らかになってきたのです。さらにいえば睡眠時間の少ない子どもの脳は発達が遅れ、ストレスに弱いともいわれています。

睡眠時間と学力の関係の調査、研究は数多くあります。たとえば03年に広島県教育委員会が行った『「基礎・基本」定着状況調査報告書』は、小学5年生を対象に国語と算数の試験結果と、睡眠時間との関係を調査しました。すると睡眠時間が長いほど、試験の結果がよいことが判明したのです。

現代社会は夜行型社会ともいわれ、未就学児童でも夜の10時過ぎに寝るケースが少なくないそうです。こうした生活習慣が子どもの体や脳に大きなダメージを与えていることは、親であれば当然、認識すべきでしょう。寝る子は育つどころか、寝る子は賢い子に、運動神経のいい子に育つということを、保護者であれば肝に銘じておいてください。

余談ですが、プロ野球の巨人や大リーグのヤンキースで活躍した松井秀喜選手は、寝坊をしてミーティングに遅刻したことが何度かあったそうです。けして褒められることではありませんが、よく眠れる人はメンタル面も強くなるのかもしれません。睡眠をとても大事にしているイチロー選手は、遠征ではいつもマイ枕を持参しています。

また転戦が多くほとんどがホテル生活で、くわえて試合時間の長いプロゴルファーにとって睡眠時間はとても重要で、マイ枕を持参している選手も少なくありません。あるスポーツ新聞の記者は、「移動中の新幹線や飛行機など、強い選手はどこでもすぐに寝られる能力も持ちあわせています」と証言しています。

笑顔の素敵な子どもに育てたい

２０１９年のゴルフの全英女子オープンで、優勝した渋野日向子選手。その大会で、渋野選手が注目を集めたのがシンデレラスマイルと呼ばれる、屈託のない笑顔でした。ゴルフ発祥の地で世界一を決める大会で、あの笑顔でプレーできることは、並大抵のことではありません。

スポーツの醍醐味は、見ている者に感動を与えることです。それは、どの競技、どのレベルであっても、スポーツを構成するために不可欠な要素です。そして感動は、渋野選手のようなアスリートの笑顔がもたらすような気がしてなりません。

人間には少しのことでも〝ありがたい〟と思える人と、どんな好意であっても感謝のできない人とがいます。私が思うに、間違いなく渋野選手は前者です。それを雄弁に物語るシーンが、あの全英女子オープンでありました。というのも優勝争いをしている緊張した場面で、声をかけてきた少年に彼女は笑顔でグローブにサインをし、そして頭を撫でてプレゼントしたのです。

緊張した場面で、ファンの声援が力になるタイプの選手もいれば、邪魔だと感じるタイプの選手もいます。どちらがいい、どちらが悪いといっているわけではありませんが、しかし自分の置かれた状況を〝ありがたい〟と感謝のできる人は、自ずとその結果も変わってくるのではないでしょうか。

少なくともそこから生まれる笑顔と、苦虫を噛みつぶしたような顔では、プロにとって不可欠な人気やファンの応援も違ってきます。ちなみに人気やファンの視線は、才能を開花させる大切な要素です。小さな子どもであっても、誰かが見ていてくれるという安心感が、その才能を伸ばすのです。

当然のことながら指導者にとっても、こういったタイプの選手を教えるのは一生懸命にもなりますし、また感謝の気持ちがあれば上達のスピードも速くなります。また笑う門には福来たるのことわざどおり、運も引き寄せると私は信じて疑いません。なぜなら運は誰の目の前にも転がっているものですが、それに気がつくか気がつかないかは、〝ありがたい〟と思えるかどうかにかかっているからです。転がっている運に気がつかなければ、運をつかむことなどできるはずもありません。

同じゴルフで、米ツアーで長く戦った宮里藍選手は、現役時代、ボギーを打った後でも笑えるよう、鏡の前で笑顔の練習をしていたと聞きます。国民的スターともいえる誰からも好かれる彼女の人気の正体は、あの透き通るような笑顔にあったのです。

笑顔の練習は、誰にもできる練習です。親子で一緒にやる、そんな親子関係になりたいものですね。

モノマネは、頭がよくなるファーストステップ

ゴルフの丸山茂樹選手は、ゴルフ界のレジェンドであるジャンボ尾崎選手や青木功選手の喋りや、スウィングのモノマネをしては、ギャラリーを楽しませてくれることでも有名な選手でした。また、一流アスリートの多くは歌が上手なことでも知られています。まさに玄人はだしといったところで、最近では少なくなりましたが、かつては有名なプロ選手がレコードデビューすることも少なくありませんでした。

実はこのモノマネが得意だったり、歌が上手かったり、あるいはダンスが上手いというのは、脳の働きからも説明できます。

人間がキャッチする情報の90％近くは、目と耳から得られるとされています。そして目や耳から得た情報を大脳で処理し、神経系を通じて体中の筋肉に、同じような動きをするように命令を出します。つまりモノマネが得意な人は、この情報処理が迅速、正確な超高性能の大脳の持ち主ということができるのです。

人間の赤ちゃんは生後2ヶ月頃から、マネを始めます。お母さんが笑うと笑い返したり、口を開くと開くのも、広い意味でのマネといえるでしょう。これは新生児模倣と呼ばれるものです。また生後7～8ヶ月になると、親に向かってバイバイの仕草や手を叩いたりします。こうした動きは大脳の大きな発達だと理解してください。

2～3歳くらいになると、さまざまなマネをするようになります。たとえばテレビから流れる音楽や、出演者の動きのマネをするのもこの時期でしょう。なかには親からみれば好ましくないマネもあるでしょうが、しかしこれも成長、大脳が発達していることの証明です。親が叱ったり、嫌がるのをみて、さらにそうしたマネを繰り返すのも、これも広い意味でマネといえるでしょう。

やがて憧れの存在の動きをマネするようにもなります。たとえばイチロー選手のバッターボックスに入る動きとか、有名アーチストの歌やダンスなどがそれです。いずれにせよマネは、大脳に刺激を与え、活発化させますから、どんどんやらせるように仕向けてください。

頭のいい子を育てるための父母や祖父母の力

スポーツに限らず、どんな世界でも成功するのは、周囲の協力があってこそのものです。逆に考えれば、ひとりの力で成し遂げられる成功などわずかなものでしかありません。

これまで私は数多くの一流と呼ばれるアスリートたちと、専門医という立場で接し、またそのなかで何人もの方と個人的なお付きあいをさせていただきました。そのなかで彼らに共通するのが、例外なく親思い、家族思いである、ということです。そして親たちに共通するのは、子どもより前に出て目立つのではなく、陰からサポート、それも親として子どもをきちんと教育している、ということでしょう。

発明王エジソンは、子どもの頃、その奇行から変わり者扱いされたいじめられっ子でした。しかし彼のお母さんは「こんな変わった行為をするのは、ほかの子どもたちとは違う才能があるからだ」と、いじめられて帰ってくるたびに、エジソンの味方になって励ましたそうです。母親の愛がエジソンを発明王にと導いたのです。

スポーツ界には、そうした例がたくさんあります。ただ、共通するのは親が子どもの前に出て出しゃばるのではなく陰で支え、しかし親としてどんなに子どもが有名になってもきちんと叱る、教育するということでしょう。

たとえばゴルフ界では車の運転を親がするのは仕方ないとしても、子どものバッグを担いでクラブハウスに入ってくる親がいます。しかし一流選手の親に共通するのは「自分でできることは自分でやらせる」という当たり前の教育ではないでしょうか。史上最年少、高校1年、15歳293日でプロのトーナメントで優勝した勝みなみ選手は、祖父の指導と勧めでゴルフを始めました。最近では核家族化が進み、祖父母と一緒に暮らしたり、触れ合ったりする機会が少なくなっていますが、それだけに祖父母の果たす役割は大きいと私は考えています。

子育ての経験もあり、人生経験も豊かで、さらに親世代に比べて経済的にも時間的にも余裕があり、なにより孫に対する測り知れない愛情のある祖父母は、これからの時代は積極的に子育てならぬ〝孫育て〟に関わっていくべきです。

貶《けな》されて伸びる子どもはめったにいない

子どもや孫とつき合うときの基本について考えてみましょう。

これまでの経験から私が断言できるのは、

「貶されて伸びる子どもはめったにいない」

ということです。

たとえば王貞治さんを育てた前出の荒川博コーチは、褒めることがとても上手な指導者でした。愛弟子である王さんは、「荒川さんは気持ちよくグラウンドに立たせてくれる」といっていたものです。ファウルになってもいいところを見つけて褒める。特に子どもたちの才能を伸ばすには、そういう視点が必要だと思います。

もちろん悪いことをしたら、子どもを叱るのは大人の仕事です。しかしスポーツ界でも、保護者や指導者のパワーハラスメントが社会問題になっているご時世。単に感情ぶつけるのは叱るではなく、怒るでしょう。子どもを育てる大人たちは、叱り上手になることが求められています。そのためにも

①子どものプレーの失敗に対して弁明を聞かず、一方的に叱らない
②失敗にペナルティを課さない。あるいは連帯責任を要求しない
③試合の結果にだけこだわらず、努力や成長の過程を見る
④考えを一方的に伝えるのではなく、子どもの考えも聞く
⑤課題と評価を適切に伝える

などといった、当たり前で肌理の細かい指導が大切です。

スポーツは体育のみならず、知育、徳育に優れた教材だと私は信じています。子どもはスポーツという道具を与えれば、体が強くなり、運動神経がよくなり、さらに脳の発達が促され、頭がよくなるばかりか、ルールを学び、互いに尊重することの大切さを学び、仲間や周囲の人に感謝することを学び、勝つことの喜びと負けた悔しさを知り、思いやりを覚え、仲間やチームのために汗をかく喜びと自分が価値のある人間だということを知ります。大人たちは、スポーツを教材に子どもたちの成長を温かく見守ってくれたら、と願ってやみません。

マット運動

1 両手を伸ばして直立姿勢
2 両手をついて回る準備
3 勢いをつけて回転

[前転]
でんぐり返しからステップアップ

マット運動のモデルとして登場するのは、北京とロンドン五輪に体操日本代表として出場した鶴見虹子さん。「最初は、手や足を伸ばしたまま回転するのは難しいので、まずは、でんぐり返し。お尻をついて、止まってしまってもいいので、勢いよく回転することにチャレンジしていってください。回る運動も最初は勇気のいる動きです。小さい子には、お母さんやお父さんが背中やお尻などを支えてあげて、回ることや運動する楽しさを教えることから始めてみてください」

でんぐり返しができたら、2の、ひざを曲げて手をつく前転の始動から、両足を伸ばしながら回るへステップアップ。お尻がつかないように起

3歳から始めよう！

頭がよくなる

子どもの基礎体力づくりの第一段階として、3歳からマット運動を始めることを勧めたい。前転や後転に加え、逆立ちなどは、親が手を貸してあげれば、3〜4歳から始められます。

解説：
鶴見虹子
（北京&ロンドン五輪
体操日本代表）

4
お尻を
ついても
止まらない

5
両足を
閉じて
起き上がる

き上がる、前転にも挑戦してみましょう（次頁）。

マット運動は、リビングや布団の上でできる運動です。「足を伸ばして回るには、どうすればいい」「タイミングが合うと、回れる！」など、前転ひとつでも、頭をたくさん使います。大脳のいろんな部分や細胞が活性化します。

3歳から始められる運動ですが、10歳からでも、15歳からでもできるのがマット運動。

でんぐり返し、前転、後転、逆立ちと、チャレンジすることも大脳を使う作業。マット運動は頭がよくなる運動です。

回転してみよう！

3 頭と背中の「面」を使って回る

頭と背中の面を使って、
お尻から勢いよく回る。
伸ばした両足は、4へ
向けて、曲げる準備に入る

4 両手を伸ばして起き上がる

ひざを曲げて、起き上がる。
そのとき両腕を前方へ
伸ばすと、前方へ重心が
移りやすく、回転しやすい

でんぐり返しから前転へステップアップ。さらに、両足を伸ばしたまま回転する、体操選手のような前転に挑戦です。

前転は、1で手をつくときには、背筋は伸びています。そこから2の回転に入るときに、頭と背中を丸くして、回転します。そこで両ひざが曲がらないように注意します。頭と背中が後ろ体重になると、前方への勢いがなくなり、お尻がついてしまうので、頭と背中をひとつの面にして、両足を伸ばして、前方への勢いをそのままに回転。両手を伸ばすことで、前方へ重心が移るので、起き上がりやすくなります。丸くした背筋を伸ばして、直立できると、体操選手のような前転が完成です。

[前転] ▸▸ 両足を伸ばして

1 肩幅に両手をついて回る準備

両足を閉じ、両手を肩幅に
開いて、手は頭よりやや前方に。
ひざを少し曲げ、両腕を
伸ばして構えるのがポイント

2 両足を伸ばし上体は丸く

伸ばした腕を折り畳みながら
曲げた両ひざを伸ばして、
頭、首、背中を丸めて、
前方へ回転する

正しいやり方を覚えよう！

× 頭とお尻が後ろ体重にならないように

感覚も身につける ◀◀ [後転]

1 ひざを曲げて後方へ回る準備をする

両足をつけたまま、ひざを曲げて構える。前転同様、両腕を伸ばすのがポイント。お尻から回る準備をする

2 お尻を落として回り始める

手とお尻が引っ張り合うバランスで、お尻を落とし始める。両手の指先を真っすぐ合わせるのもポイント

後転は前転と違って、勇気がいる運動です。背中側が見えないので、後ろに回るのが怖いという子は多いでしょう。はじめは、お尻や背中に手を添えて、回るタイミングを教えましょう。

回るポイントとして、覚えたいのが、手の角度です。前転は、回る方向に指先を向けましたが、後方では、両手の指先を真っすぐ合わせると、回転しやすくなります。回る方向に指先を向けると、回転にブレーキをかけてしまうからです。両わきと両ひじをひらくことで、背中の面に加えて、両腕の面も使えるので、回りやすくなるのです。

見えない方向に回る運動は勇気がいりますが、前転以上に頭を使う運動になります。

タイミングをとる

前転と同じように
両腕を伸ばすのが
ポイントです

3 背中と腕の「面」を使って回転

回りながら、両ひじを曲げ
腕、首、背中の面を使って
回転。両足を伸ばせる
後転にもチャレンジしよう

4 少しひざを曲げて起き上がる

後方に勢いがついているので
両腕を伸ばして、バランスを
取りながら、起き上がる。
ひざは曲がってもOK

正しいやり方を覚えよう！

× この手の形は回転の邪魔になる

と姿勢をよくする運動

3 着地から リズムよく ジャンプの準備

着地は1の姿勢。
一休みしないように
ジャンプの準備に入る。
リズムとタイミングを意識!

4 繰り返し 前方へ ジャンプ

2の運動を1～3の流れで
繰り返し行う。脚力がつき、
リズムやタイミングの感覚も
磨かれる、頭がよくなる運動

[かえるジャンプ] ▶▶脚力U

2 全身を使って1歩前方へジャンプ

両手を斜め前方へ伸ばし、
全身を真っすぐにして
一歩前方へジャンプ。
指先から足先まで伸ばす

1 しゃがんでジャンプする準備をする

かかとを上げて、両足と
両ひざを閉じて、しゃがむ。
両手もジャンプする
準備をする

りを身につける

2 両つま先をそろえて姿勢よく

両足のつま先をそろえて真っすぐ足を伸ばす。全身を支える両腕と足先までを一直線にする

ポイント

背中とお尻がSの字を描くようにバランスをとるのがポイント

頭と背中とお尻がS字を描くような逆立ちが理想。頭の頂点が下を向くとバランスがとりにくくなる

[逆立ち]▶▶勇気と思い切

1 両肩幅に手をついて片足を蹴る

肩幅に広げた両手をついて、
真っすぐ伸ばした片足を
蹴り上げてから、もう一方の
足もその反動で上げる

逆立ちへの足掛かり

足ジャンプを
練習すると
逆立ちもできますよ

ポイント

両手をついて
足が上がったときに
逆立ちの上体を意識する

足ジャンプは足を上げて
下ろす運動の繰り返し。
逆立ちの上体の形で
足ジャンプができると
逆立ちもできるようになる

[足ジャンプ]▶▶脚力UP&

お尻を上に
突き出すように
構えるといいです

1 肩幅に手を広げ四つん這い

手は肩幅に広げ、足は閉じて
四つん這いに構える。
ひざにゆとりをもたせて
飛び跳ねる準備をする

2 手をついて足だけジャンプ

重たいお尻を頭より高く
上げる足ジャンプ。
手をついて、足だけ上げる
運動だが、腕力UPにもなる

る運動 ◀◀ # [おいもころころ]

1 仰向けになって全身を伸ばす

手と足の先は少し浮かせて
仰向けになる。時計回りと
逆回りに転がるだけの運動。
3歳になる前から始めてもいい

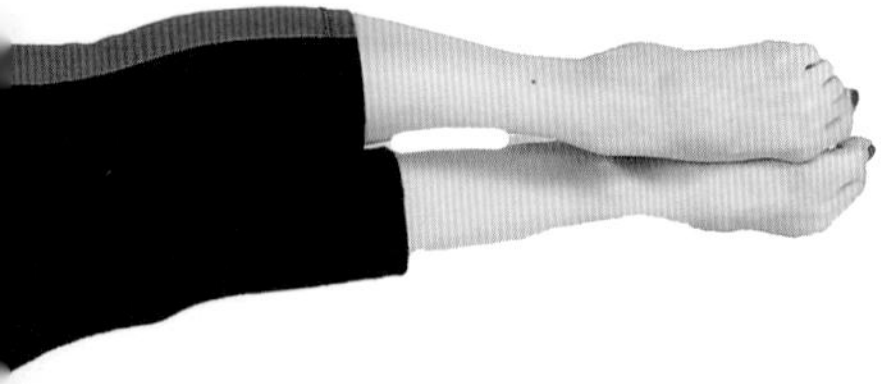

2 横向きになるように回転

1のまま、横向きに転がる
指先と足先を伸ばすのがポイント
背筋、腹筋など、全身運動になる

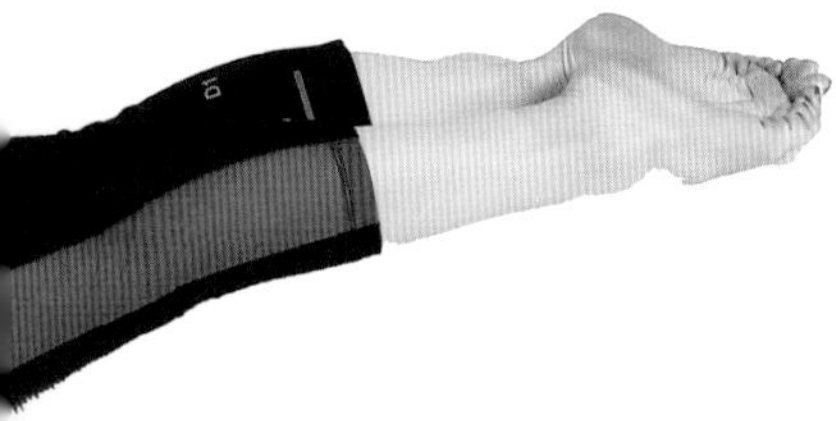

3 うつ伏せになるまで転がる

うつ伏せになるまで回ったら
背中が反り返る要領で
手と足の先を浮かせる。
そこから逆回転を繰り返す

全身を伸ばして、左右に転

[ケンケン] ▶▶
股関節の柔軟性を磨く

ポイント

ひざを柔らかくし リズムよく 軽快に ジャンプする

足裏から頭のてっぺんまで
真上に一直線でジャンプする。
ひざを柔らかく使って
足を蹴るのを繰り返すことで
脚力とバランス強化になる

[片足立ち]▶▶
バランスUP!　脚力UP!!

ポイント

**前方にかがんだり
後方に
反り返ったり
しないように**

体は年を重ねるだけ
硬くなってしまうもの。
小さいころから片足立ちで
股関節の柔軟性を保とう

「スピードやパワー、
柔軟性の基礎は
マット運動で
身につけられます」
（吉松）

Chapter 4

吉松式 子どものカラダの作り方

ケガしない簡単トレーニング

子どもとウェイトトレーニング

ウェイトトレーニングは、長く子どもにとって必ずしも安全な運動ではないとされてきました。しかし、あらゆるスポーツの低年齢化で、ケガをする子どもの数も増えてきました。ケガは子どもの体力が、そのスポーツに求められる体力に達していないからだとの意見もあり、近年はジュニア世代におけるウェイトトレーニングのあり方も見直されつつあります。

結論を急げば、思春期前の子どもには、成熟度にあわせて適切な負荷を考慮したトレーニングが効果的という考え方が主流になっています。

ウェイトトレーニングの目的は大きく3つあります。

①筋力の柔軟性と強化による行動体力の向上

②防衛体力（ケガをしにくいカラダ）の向上

③健康面の向上。骨を強くしたり、肥満の予防、精神衛生面の強化
です。

ジュニア世代は個体差も大きな時期。体の大きさも違えば、1歳違っても体力やできる動きには大きな差があります。またスポーツごとに使う筋肉、関節、その使い方も違うために、その子どもにあった、年齢にあった、それぞれのスポーツの特色にあったトレーニングを採用することが重要です。

そのためにまず、ジュニアの世代による成長の特徴を考えます。

●**小学生**

男子は小学4年生くらいから筋肉、骨などの除脂肪体重が急激に増え、筋肉質の体になっていきます。一方、女子は脂肪がつき、丸みのある体になっていきます。発育、発達が不十分な小学生には遊びの要素を取り入れるなどの工夫が必要です。

●**中学生**

中学生年代は心臓、肺などの呼吸循環機能が発達する時期であるため、持久力の向上を目指したトレーニングを中心にします。

●**高校生**

男子は除脂肪体重の急速な発達から、体づくりや競技に応じた専門的なウェイトトレーニングを行う時期です。女子は体脂肪が増え、女性らしい体つきになります。

外見や容姿などを気にしダイエットに興味を示す時期でもありますが、極端なダイエットは生殖機能に影響を与えます。むしろウェイトトレーニングを含む運動で筋力を増やし、基礎代謝を上げる方が健康的です。

成長痛は骨と筋肉の成長速度の差

骨の成長は筋肉の成長よりも早い、ということをみなさんはご存知でしょうか？特に身長が一気に伸びる時期には、骨と筋肉の成長速度の差が著しいために、オスグッドなどのいわゆる成長痛が見られます。

そのメカニズムは、骨の成長に筋肉の成長が追いつかないために、筋肉や筋肉をつなぐじん帯にストレスがかかる、というものです。特にスポーツなどで過度な負荷がかかると、慢性的に痛みが生じてしまいます。

成長期の子どものスポーツで一番大切なことは、骨の両端にある成長軟骨を傷つけないことです。これはサッカーで蹴る、バレーボールでジャンプするなど、それぞれのスポーツに求められる同じ動作を繰り返し、負荷がかかることで起こります。

いわゆるオスグッド病、ジャンパーひざ、テニスひじなどがこれに当たりますが、成長痛を訴えたり、あるいはその可能性のある年代の子には練習量の軽減、または反応速度を速めるような基礎練習にシフトさせることが重要です。

いずれにしても高校入学時に、すでに故障を抱えた選手が多いことには専門医として驚かされます。後述しますが特に腰の故障は選手としてはもちろん、その人生にも大きく影響しかねません。この点は指導者だけでなく保護者も、十分な注意が必要です。

どの年代にも通じるトレーニングの原則

ここではウェイトトレーニングを含む、トレーニングの原則について記しておきましょう。これは子どもに限らず、どの年代、たとえば高齢者にも当てはまる原則です。

①過負荷の原理

適正な負荷をかけることで、筋力も含む体力は向上します。たとえば野球のピッチャーが肩を振るだけでは強化にはなりませんが、少し重いモノを持ったり、ゴムを使ったシャドーピッチングをすることで効果が上がります。自分の持っている最大筋力の40～50％の負荷が目安です。

②漸進性

急に運動を始めることは、とても危険な行為です。十分なウォームアップの後、軽いジョギングなどで体を動かし、徐々に運動量を増やしていくことが重要です。また、競技によっては使う筋肉、関節も違い、また使い方も違いますから、それに応じた準備をすることも大切です。

③全身性

体全体を動かすことは、パフォーマンスを高めるためにも、また普段使わない筋肉を動かしケガを防止するためにも重要です。たとえば右利きのゴルファーが左で素振りするなどは、そうした効果が期待できます。普段やらない逆立ち、後ろ向き歩き、あるいは左手で箸を持つなども取り入れてみましょう。

④個別性

年齢、性別、体力など、個人差を考慮した負荷のトレーニングを提案、採用することが大事です。

⑤持続性

同じトレーニングは最低でも4～6ヶ月は続けないと効果がない、と考えるべきです。また、その期間は長ければ長いほど効果も高くなります。1日に多くのトレーニングをやるよりも、1週間に2～3回でいいので、長期間続けることを目指しましょう。

⑥目的意識の明確化

やらされるトレーニングより、自分から進んでやるトレーニングの方が効果が高いことは間違いありません。このトレーニングにはどのような意味があり、それをしたらどのようないいことがあるのか、ということを、子どもたちの指導ではきちんと説明してください。また、達成感は子どもの成長の大切なファクターですから、ひとつのことができたら褒めることも重要です。

⑦バランスのとれた体力づくり

特に成長期にある子どものトレーニングは、バランスのいいことを心がけましょう。そのためには一定のスポーツだけをやらせるのではなく、他の競技も、また他の競技の特有のトレーニングも積極的に取り入れます。ちなみにアメリカでは一流アスリートでも、高校年代までは複数のスポーツを経験していることが普通です。その辺は日本でも参考にすべきでしょう。

トレーニングは成長ホルモンを分泌し、子どもの成長を促します。また脂肪も燃やしてくれるために、成人にはダイエット効果も期待できます。

ただし、やればいいというものではありません。たとえばバーベルを1回だけ持ち上がられるときの筋力を最大筋力（1RM）といいますが、その80％程度の重さのバーベルで、6回〜12回繰り返した方が効果が高いことが証明されています。最大の負荷を与え続けるのは、むしろ故障の原因になりかねません。

それも毎日やればいい、というものでもありません。筋肉には「超回復の理論」というものがあり、週に2日〜3日の休みをとることで、筋力がアップすることも判明しています。また50％程度の負荷でも5回繰り返したら、必ず休みを入れて繰り返すことが重要です。

また筋肉内には特殊な細胞があり、トレーニングの効果を1年ぐらいは忘れない、というマッスルメモリーという機能があり、再トレーニングでも短期間で筋力は回復します。

筋トレは筋力を強くするだけではなく、骨も強くしてくれます。最近の子どもはすぐに骨が折れるといいますが、それは運動不足が原因だからです。これは年齢に関係なく100歳の老人にも当てはまる原理で、高齢者の骨折防止にもつながります。

トレーニングに相応しい時間帯ですが、一般的な筋トレは夕食前がよく、それは夕食で魚や肉からタンパク質をより効率的に摂取できるからです。また技術的な練習は、午後3時半前後の時間帯が、一番効果があるとの報告もあります。つまり放課後、よく遊ぶ子どもは体も強くなり、頭もよくなる、ということです。

腰の強化と腰痛予防

腰は、「月」（にくづき）に「要」と書くように、とても重要な部位です。いかなるスポーツにおいても腰の動きはとても重要で、同時に腰には大きな負担がかかっています。そのため腰部（体幹）の強化や障害の予防対策は、とても重要なものになっています。

成長期の子どもの腰の痛みには、次のようなものがあります。

①ギックリ腰

主に背中の筋肉に緊張が起きると、筋肉内の血管が押しつぶされ、血流が悪くなって疲労物質がたまり、これが原因のひとつになります。

②前方屈曲型腰痛

これはスポーツ選手に多い腰痛です。多くのスポーツでは腰を前に曲げる屈曲、腰をひねるという動作が要求されるために、発症するケースが少なくありません。

③遺伝的な腰痛

専門医として、多くのスポーツ選手の治療にかかわってきた私ですが、振り返ればある意味、腰痛との戦いでもありました。その長年にわたる研究のなかで、遺伝的な要素があることが明らかになってきました。というのも腰痛を訴える親子には、骨の大きさ、形、曲がり具合など、共通点が数多くあったのです。これをミラー現象と呼びますが、腰痛のある保護者のみなさんは、特に子どもの腰に注意を払ってください。

またスマホやパソコンの普及により、猫背など姿勢の悪い子どもが増えており、日常生活でもいい姿勢を意識することがとても重要です。

腰の強化と予防防止には筋肉の強化、バランス、柔軟性の3つが必要です。そのために重要なのが、

①体幹部を鍛える

②股関節を柔らかくする

の、2点だと私は考えています。

体の強さには、スタビリティ（安定性）が求められます。それをつくりだすのが体幹部の強化であり、具体的には体の奥底にあるローカル筋（インナーマッスル）を意識して強化することです。これまでローカル筋は、目に見えるグローバル筋（アウターマッスル）に比べ注目度も低く、また成長期の子どもにはそれを鍛えるトレーニングは不要だとされてきました。

しかし近年、ローカル筋もグローバル筋と併行して鍛えることにより、パフォーマンスも高くなると同時に、練習量も増えることが明らかになっています。そこで、あらゆるスポーツで求められるのが、腰をひねるという動きです。

重要になってくるのが、股関節の柔軟性です。

たとえばゴルフのスウィングを思い出してもらえばわかるのですが、バックスウィングでクラブを一番高く上げたとき（トップオブスウィング）、腰と肩ではどちらのひねりが大きいでしょうか。脊椎は仙骨から脛骨まで25の骨が椎間板、椎間関節、じん帯によってつながっています。そして上にいけばいくほど大きくひねるようデザインされています。

そのひねりを大きくするのが、股関節の柔軟性です。つまり股関節が柔軟であれば、胸も肩も大きくひねることができ、その分、飛距離が伸びるなどパフォーマンスも高くなります。ところが股関節が硬く、にもかかわらず大きく胸や肩をひねろうとすれば、それは腰への大きな負担となって跳ね返ってきます。つまり股関節を柔軟にしておくことが、腰への負担を軽減させ、腰の故障を防ぐことにもつながるのです。

私が紹介するエクササイズのストレッチ（156ページ〜）を見てください。子どもの頃から習慣づけられるものです。子どもの体は生まれた赤ちゃんを見ればわかるように、本来、柔らかいものです。

大人になってから柔らかくするのには限界がありますが、子どもの頃からやっておけば、それはその子の財産になります。

なぜなら股関節を含む体の柔らかさは、腰の障害を防ぐばかりか、運動神経を良く、頭をよくする基本中の基本なのですから。

自分をコントロールするための腹式呼吸

私の出会った一流アスリートのほとんどが、とても大事にしているもののひとつに呼吸法があります。心技体というように、スポーツは心の状態にそのパフォーマンスが左右されます。

多くの一流選手は呼吸によって自分の心をコントロールし、メンタルを鍛えているのです。

その方法、名称は違いますが、共通しているのが腹式呼吸であること。ちなみに脳細胞は1ミリたりとも動かない細胞ですが、筋肉細胞に比べて7倍もの酸素を消費する、といわれています。体の隅々まで酸素を行き渡らせることは、運動能力を高めるばかりでなく、この本の主題でもある「頭のいい子を育てる」ことにもつながるのです。

そこで私なりの呼吸法（深呼吸）の、注意点をいくつか紹介しておきましょう。

姿勢は立ってでも、椅子に座ってでも、正座でも構いません。

①立って行う場合は、左右の足を腰の幅に開き、足元を平行にして真っすぐ前方に向けます。

②椅子に座る場合は、腰を安定させるために、背もたれに寄りかからず、拳ひとつ分開けて、浅めに腰掛けます。

③正座で行う場合は、両足を上下で重ねないようにします。重ねないと窮屈なときは、足の親指だけを重ねます。

②と③の座っての呼吸では、両手は太ももの上に置き、手のひらを上に向けて開くことで、リラックスを促す副交感神経を刺激することができます。

どんな体勢であっても共通するのが、

①力を抜く（特に頭、首、手から）

②あごを引いて胸を前に突き出す

③肩の高さを水平にする
④脇の下に卵をひとつ挟み、それを割らない意識で
⑤体の重心を下げる
⑥下腹（へそ下＝臍下丹田）から足にかけて力を入れる
⑦足の親指、ひざの内側に力を入れる
⑧腰を前に突き出し、肛門に力を入れる

毎日、日課として行う深呼吸は空腹、または食後2時間以上経ってから行うのが効果があるようです。その方法ですが、

①少し開いた口から息をゆっくり長く吐く。下腹を引っ込めながら、下腹の皮が背骨にくっつくぐらい吐ききる

②吸うときは意識も下腹に集中させ、息を吐き出した反動により鼻から一気に吸う

③吸った息は4〜5秒、お腹のなかに蓄えるよう止める

その後、再び①に戻り、目を閉じてこれを5〜6回、繰り返しましょう。

COLUMUN

吉松式パワーバンドトレーニング

小学校の低学年でも高齢者でもできる。運動神経がよくなり、頭がいい子が育つトレーニング

私が中心になって開発したゴムバンドを使った、「吉松式パワーバンドトレーニング」をいくつか紹介しましょう。トレーニングは、ある程度の負荷を与えることが重要です。これは4つの輪からできる1本のゴムバンドで、ゴムの弾力性にくわえ、輪を二重、三重にすることで負荷の大きさを変えることができます。そのため年齢や体力に応じた無理のないトレーニングができるようになっており小学校の低学年から、また高齢者でもできるトレーニングです。また、スポーツシーンに限らず家でも学校でも、手軽にできます。（※ゴムバンドはスポーツ店など、市販のトレーニング用でOKです）

いずれも1回の動作を4秒で15回を1セットに、つまり1分を目安に行います。1セットが終われば5~10秒の小休みを入れて、3セットくらいやってみましょう。

股関節の柔軟性を磨く

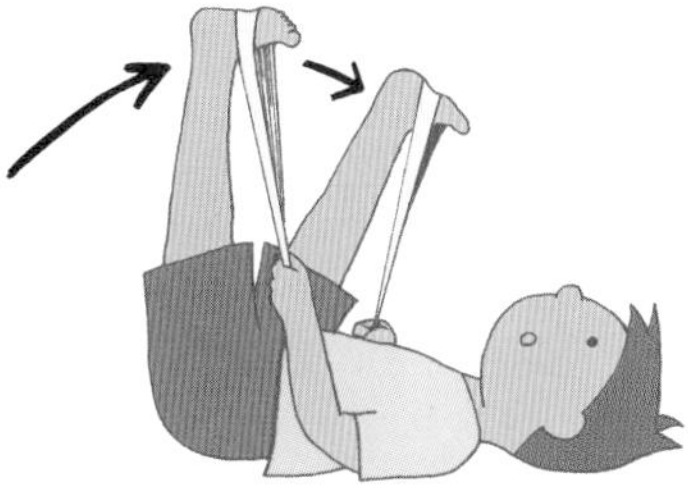

仰向けになり、片足にゴムバンドをかけ、バンドの反対側の軸を握る。両手でひっぱりながら、ゆっくり戻す。日数をかけて徐々に行うのが効果的。直角に足が上がることを第一目標にしよう

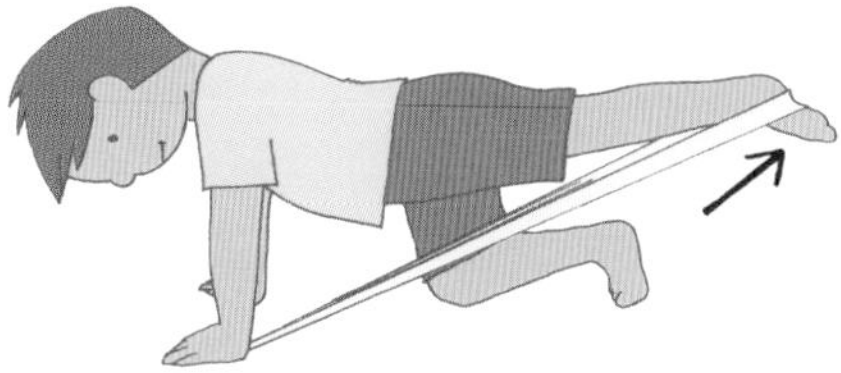

四つん這いになり、片足にゴムバンドをかけ、もう一方を片手で抑える。背中、首は真っすぐなまま、足を床と平行になるように伸ばす。ゆっくり戻すを、繰り返そう

足首を鍛える

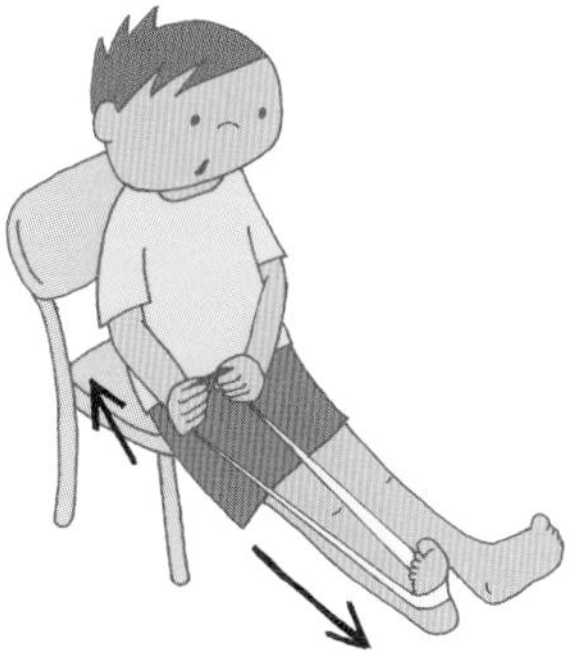

両ひざを伸ばしたまま座る。ゴムバンドを片足の先にかけ、バンドの両端を握り、ひっぱる

股関節を鍛える

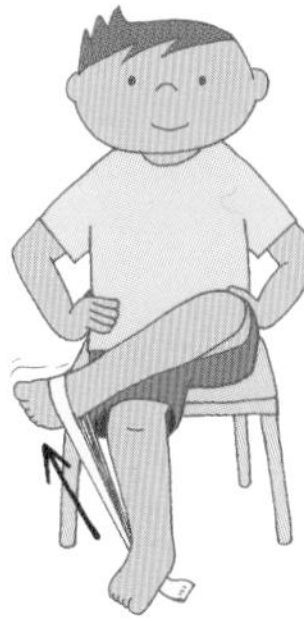

座った状態で、鍛える足を反対側のひざの上に置くように組む。バンドをかけ、反対の足でもう片方を固定する。足をゆっくりと上げて戻すを繰り返す。「ゆっくり」がポイントだ

ひざを強くする

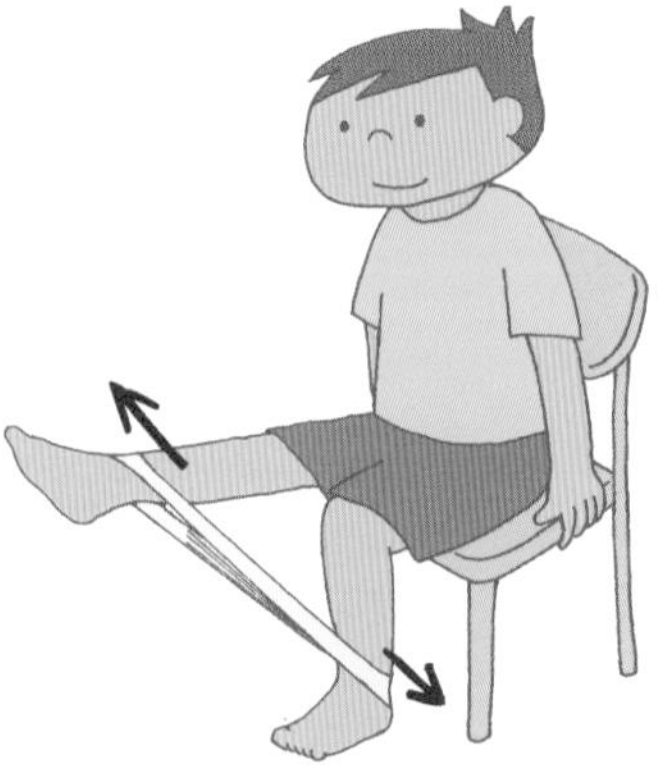

椅子に座って、両足首にゴムバンドをかけ、交代でひざを曲げたり、伸ばしたりする。これも「ゆっくり」がポイント

仰向けでひざを伸ばし、両足のくるぶしとひざの中心にバンドをかけ、左右交互に上げる

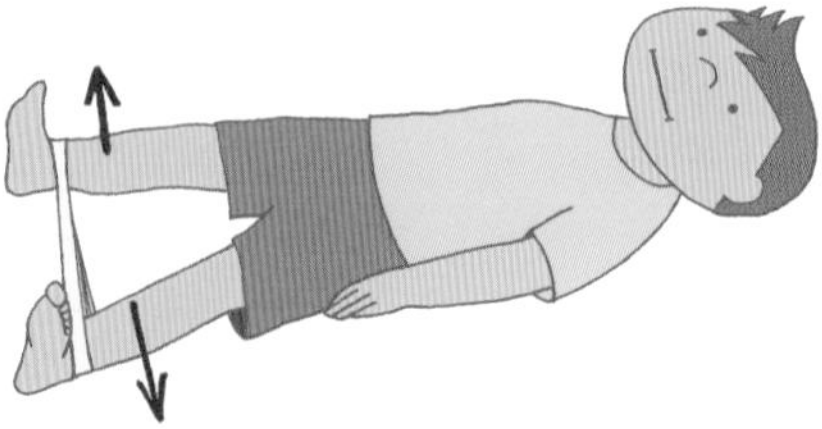

両足を伸ばし、両くるぶしにバンドをかけ、足を横に開いたり閉じたりする。座って行うのもOKだ

横向きに寝て、両足のくるぶしとひざの中心にゴムバンドをかけて、片足を伸ばしたまま、上げたり、戻したりをゆっくり行う

太ももを鍛える

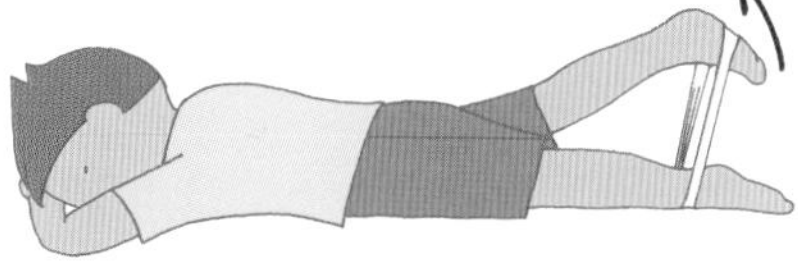

うつぶせになって、ひざを伸ばし、ゴムバンドを片方の足首と、もう一方の足の裏にかけて、後ろに上げる

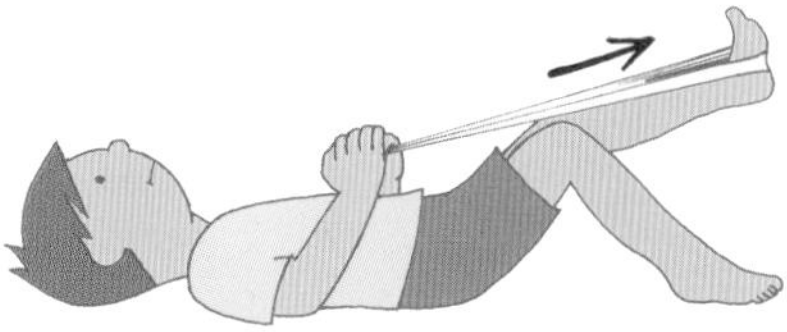

仰向けになって、両ひざを曲げる。片足にゴムバンドをかけ、両手でバンドを握り、股関節とひざを真っすぐに伸ばす要領で、曲げ伸ばしを繰り返す

２０２０年目前、スポーツ庁は、「小学校５年生の体力と運動能力が過去最低！」と発表しました。スマホの使用時間などが増え、授業以外の運動時間が減少した背景がその理由だそうです。

ここで紹介したパワーバンドトレーニングは、体力を補うのはもちろん、柔軟性も磨かれます。家でスマホやテレビを見ながらの「ながら運動」でもできるので、小学校に入る前から、いつでもどこででも始められます。

運動の基礎力を持っている子は、体力や柔軟性があるから、運動しよう、運動したい、と運動が好きな子になります。

小５で体力と運動能力がある子に育てる基礎として、取り組んでください。

ムリなく
体を鍛えよう！

ひとつの競技か複数の競技か

子どもは、ひとつのスポーツを徹底してやった方がいいのか、あるいはいろんなスポーツをやった方がいいのか、という問題です。

わたしなりの考えをいえば、理想は子どもたちには多くのスポーツを体験してもらいたい、と考えています。第一の理由は多くのスポーツを体験することは、自分にあったスポーツに出合い、子どもたちの可能性を広げることにつながるからです。もうひとつ医師の立場でつけ加えれば、人間の体は同じ動きばかりしていると、体の特定の箇所に負荷がかかり、ケガや故障の原因になることが挙げられます。

特に骨格や筋肉が未完成な子どもの場合、そのリスクは大人よりも高いことを覚えておいてください。

アメリカのメモリー大学のスポーツ医学チームの調査によれば、12歳までにひとつのスポーツに特化した選手はケガが多く、12歳以降に特化した選手はケガをしなかったケースが多いことが報告されています。

また、ひとつのことをやり続けることにより、心への影響も考えなければなりません。ひとつのことをやり遂げることは大事でしょうが、それはまたバーンアウト、いわゆる燃え尽き症候群のリスクと背中合わせです。実際、小さい頃から同じスポーツをやってきた子どもに、そうした傾向が強いという報告もあります。これもまた無視のできない問題でしょう。そんなことをいっていたらプロにはなれない、オリンピックに出られない、と反論する人がいるかもしれません。

しかし、ある研究調査によればオリンピックに出場した選手を調査したところ、そうした選手ほど幼少期に複数のスポーツを経験していることが明らかになっています。

またアメリカではプロ選手の多くが、中学生までは3つか4つ、高校生になっても2つ以上のスポーツを経験しています。経験というよりも楽しんでいる、といった方が適切でしょうか。

この本の冒頭でわたしは、「スポーツは体育、知育、徳育に相応しい優れた教材」と書きました。最後にもうひとつつけ加えるなら、「スポーツは人生を楽しみ、豊かにする優れたツールである」という言葉で、この本を締めくくりたいと思います。

あとがき

スポーツは人生にとっての宝物

本書を読んでいただき、ありがとうございました。本書ではあくまでも目安として、何歳くらいにどんなことをしたらいいかと書いてはいます。ただ、子どもの成長には個人差があり、他の子と比較するものではありません。あくまでも子どもの成長の参考にしていただければと思います。

ただし、例外なくどの子どもに対してもいえることが、スポーツが頭をよくするばかりでなく、健康な体と健全な精神、そして豊かな人生を送るのに大切なツールである、という事実です。

スポーツの効果は、単に体を強く、健康にし、また競技に求められる技術力を高めるだけではありません。本書では主にスポーツの子どもたちへの賢脳効果にスポットを当てていますが、スポーツの可能性は無限大です。私が思うに、スポーツほ

あとがき

ど知育、体育、徳育に優れた教材はありません。すなわち頭のいい、健康で強靭な肉体を持った、心も磨かれたいい人間を育てるのがスポーツなのです。86年の人生の結論として、私はこれを断言したいと思います。

私は整形外科医として、多くの一流アスリート、指導者の方とおつき合いをさせていただきました。おしん横綱の異名で、努力の末に角界の最高位まで上り詰めた隆の里関（後の鳴門親方、故人）、アトランタ五輪でブラジルに勝利した日本代表を率いた西野朗監督、あるいは本書に推薦文をいただいた世界のホームラン王、ソフトバンクの王貞治会長など、例外なく人間的な魅力を備えた人々でした。そうした方々と同じ時代、同じ空気を吸って生きられたことが私の人生に彩りを与え、豊かなものにしていただきました。これもまたスポーツの持つ、無限の可能性のひとつだと思っています。

なによりスポーツで学んだスポーツマンシップ、フェアプレーの精神、仲間や相手へのリスペクトは、人生においてなによりも大事な宝物です。そうしたスポーツと出合えたことに、私は感謝してもしきれません。

さて、本書の執筆にあたり、多くの方々のご協力をいただきました。子どものメンタル面については、秋田経法大学で教鞭をとられた伊藤護朗先生に、また心臓エコーについては米国・ウィスコンシン州立大、韓国・高麗大、中国・南京大などで教鞭をとられた世界的な権威である石川自然先生のお力を借りています。

大学からの派遣で訪れた長野県では、国立長野病院、千曲中央病院、長野寿会上山田病院（旧国立長野病院）に50年近く在籍、終の棲家となりました。いずれの病院でも歴代院長、事務局長、総婦長をはじめ数多くの医療関係者にお世話になり、また患者さんも含め地元の皆様に支えていただきました。浅学非才にもかかわらず、こうして本書の発刊に辿りつけたのは、そうしたみなさんの存在があってのものと改めて感謝しております。

ただ私の力不足のために、本書完成には8年もの歳月がかかってしまいました。言い訳にはなりますが、執筆は毎日の業務を終えて帰宅した夜10時過ぎに着手せざるを得ない状況で、高齢のために体力の衰えも著しく、また医療の世界は日進月歩で、執筆に時間がかかればかかるほど、入手する資料も、読むべき論文も増えていきます。そこで、最新の医療やスポーツ医学などは、息子の俊紀の力を借りることになり、共著となりました。また女性に関する論文の多くを集めてもらった亡き妻、

あとがき

吉松千晶には感謝してもしきれません。彼女の人柄がまた多くの患者さん、スポーツ選手が、病院だけでなく我が家に足を運ぶきっかけを作ってくれたことも、個人的なことではありますが、ここに記させていただきます。

そんな私の拙い文章に懲りることもなく、ひたすら完成、発刊に向けてご尽力をいただきましたゴルフダイジェスト社の中村信隆元主幹、出版部の近藤雅美さん、また編集協力をいただきましたスポーツライターの大羽賢二氏には、想像を絶する忍耐力でご協力いただきましたことを、ここに改めて感謝申し上げます。

このように多くの方々のご協力、ご尽力、忍耐力により完成した本書ですが、この本を手にとったひとりでも多くの方が、スポーツによってより幸福な人生を送られることを祈り、本書のあとがきとさせていただきます。

（吉松俊一）

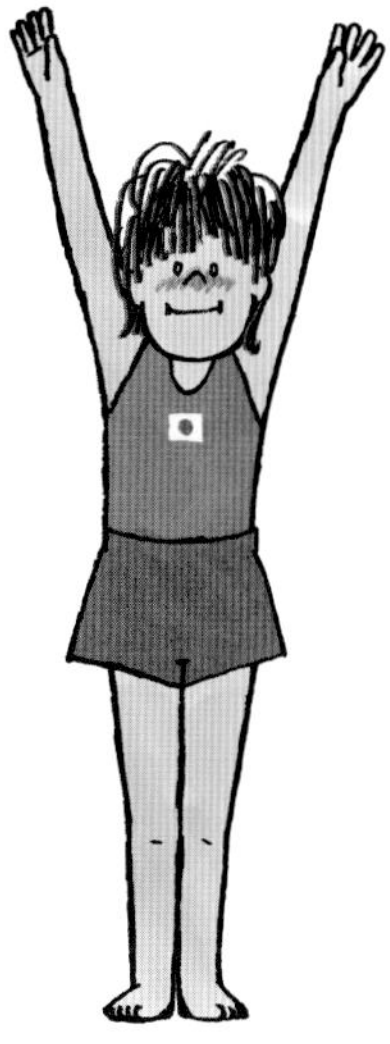

お求めは書店、ネット書店で!

子供たちが みるみる輝きだす! 奇跡の「ヨコミネ式」教育法

大ベストセラー! ヨコミネ式最初の書籍

定価/本体1200円+税
新書判/200ページ

天才は10歳までにつくられる

著/横峯吉文(ヨコミネ式教育法創始者)

子どもみんなが好きなことに天才になれる。本1500冊読破、割り算、九九、逆立ち歩き、大人用跳び箱10段クリア、そして絶対音感獲得…。すべてヨコミネ式の保育園児、幼児園児なら小学校入学前にできてしまう!30年の試行錯誤の末にたどりついた奇跡の教育法は今、鹿児島から全国に導入園が広がっている。ヨコミネ式を世に出した初の単行本。

吉松俊一
よしまつ　しゅんいち　86歳。慈恵医科大学出身。長野寿光会上山田病院スポーツ整形外科勤務。長嶋茂雄、王貞治ら日本プロ野球セ・パ両リーグチームドクターとして活躍

吉松俊紀
よしまつ　としのり　49歳。日本大学医学部整形外科スポーツ医学研究班出身。長野寿光会上山田病院スポーツ整形外科勤務。「five finger」のシューズがトレードマークの整形外科医師で、身体の使い方とパフォーマンス向上を日々追求している

頭がよくなる運動教室
オリンピック子育て論

2020年1月30日　初版発行

著者　吉松俊一&吉松俊紀
発行者　木村玄一
発行所　ゴルフダイジェスト社
〒105-8670　東京都港区新橋6−18−5
TEL03(3432)4411(代表)　03(3431)3060(販売部)
e-mail gbook@golf-digest.co.jp

デザイン　植月誠、近藤可奈子
印刷　光邦

定価はカバーに表記してあります。乱丁、落丁の本がございましたら
小社販売部までお送りください。送料小社負担でお取替えいたします。

ISBN978-4-7728-4184-9 C2075